조선
사회주의자
열전

조선
사회주의자
열전

새로운 세계를 꿈꾼 인간,
그들의 삶과 생각을 다시 찾아서

박노자 지음

나무연필

사회주의 운동,
그 '선구'의 의미를 되새기며

한국 사회는 일제와 맞서 싸운 사회주의 운동가들을 통상 '독립 운동가'라고 불러왔습니다. 이들에 대한 서훈 또한 꽤 오래전 부터 시작되었지요. 2021년 그 유해가 한국으로 봉환된 홍범도洪範圖(1868~1943) 장군만 해도, 러시아공산당에 입당한 이력까지 있지만 1962년에 건국훈장 대통령장을 받았습니다. 이 책에서 몇 차례 언급될 상해파 고려공산당 창당의 주역 이동휘李東輝(1873~1935)에게도 김영삼 정부 시절인 1995년 건국훈장 대통령장이 추서되었습니다. 1945년 이후 북한 정권 수립에 관여한 이들을 제외한다면 사회주의 운동의 주역 상당수는 이미 한국에서 '독립운동 공로'로 사후에 훈장을 수여받은 것입니다.

실제로 이들은 독립운동에 절대적으로 기여했습니다. 한국 정부가 '색깔' 때문에 이들을 외면하고 싶어도 도무지 그럴 수 없을 정도였습니다. 이들의 공적서에는 대부분 "독립운동의 방편으로 공산주의를 택하여"라는 말이 들어 있습니다. 그래야 보수적인 한국 사회에서 이들의 서훈을 납득시킬 수 있었던 것입니다.

그런데 이들에게 공산주의는 그저 '방편'이었을까요? 물론 이들은 일차적으로 조선의 독립을 열망했습니다. 이들의 강령들에는 조선의 독립, 민주적 민족국가 수립이 '1차 혁명'으로 반드시 거론되었습니다. 하지만 목표가 그것뿐이었다면, 이들로서는 굳이 공산주의를 택할 필요가 없지 않았을까요? 우파 민족주의 운동 등 다른 선택지가 얼마든지 있었으니까요.

이들은 새로운 민족국가 건국을 희구할 뿐만 아니라 친민중적 방향으로 건국의 청사진도 매우 구체적으로 제시했습니다. 예를 들면 이 책의 주인공 중 한 명인 최성우崔聖禹(1898~1937)는 언젠가 재건될 조선공산당의 새 강령을 4년 동안 작업해서 1934년에 공식 발표합니다. 이때 새로운 나라의 모습은 '진보적 복지국가'로 그려지지요. 사회주의자들은 '건국'을 구상하면서 8시간 노동제부터 학교의 민주화, 암기 위주의 '노예 교육' 철폐까지 거론합니다. 즉 이들에게 공산주의는 독립운동의 단순한 '방편'이라기보다 언젠가 독립할 조선의 미래에 대한 고민의 중심이었습니다. 이들은 혁명을 거친 새 나라가 과거와는 질적으로 다른, 착취와 불평등 없는 사회로 거듭나기를 원했습니다. 독립과 건국에 대한 이러한 발상은 전간기戰間期, 즉 제1차 세계대전이 끝나고 제2차 세

조선 사회주의자 열전

계대전이 발발하기 전까지인 1918~1939년 사이의 아주 특별한 시기에 가능한 것이었습니다.

　제1차 세계대전 이후의 20여 년은 세계 자본주의 역사상 최대의 위기였습니다. 전쟁은 열강들의 새로운 서열이 정해지는 '장'이었는데, 열강 지배자들이 예견하거나 제어하지 못한 파급 효과를 낳았습니다. 거의 전 세계가 혁명과 반란, 각종 독립운동의 화염에 휩싸였지요. 우리가 익히 알고 있는 1917년 러시아혁명, 1918년 독일혁명, 1919년 조선의 3·1운동과 중국의 5·4운동, 인도의 독립운동에다가 1916년 아일랜드 봉기(무장 독립운동), 1918년 헝가리혁명과 일본의 쌀 소동과 스위스의 총파업, 1921년 몽골혁명 등이 이때 벌어졌습니다. 유라시아와 남북 아메리카에서는 1916~1923년 사이에 반란의 움직임이 없었던 나라를 찾아보기 힘들 정도였습니다. 1923년 이후로 세계 자본주의 체제가 다소 안정되지만, 1929년의 세계 대공황을 기점으로 다시 전례 없는 혼란에 빠져들었고요.

　이 책에서 언급할 박치우朴致祐(1909~1949)와 신남철申南澈(1907~1958)의 저술에서도 알 수 있듯이, 당대의 많은 지식인들은 중도 자유주의의 유효 기간이 끝나고 급진 혁명과 극단적 반동인 파시즘이 대립하는 새 시대가 도래했다고 보았습니다. 공산 혁명이냐, 파시즘이냐의 양자택일 상황에 처했다고 인식한 조선 활동가들은 자연스럽게 전자를 택했지요. 위기의 시대는 이들이 자본주의 체제의 태생적 문제인 불평등, 빈곤, 제국주의적 침략, 차별 등을 단번에 해결해보고자 하는 기회의 시대이기도 했습니다.

미래에 대한 급진적 고민, 그 선구적 노력

대개 당대인들은 자신이 살고 있는 시대의 의미를 읽기 어렵습니다. 그 의미는 보통 사후적으로 다음 시기에 정확히 해석되지요. 조선 사회주의자들의 기대와 달리 세계 자본주의의 총체적 위기였던 전간기는 '종말'이 아니라 '주기적 공황'이자 '패권 교체기'였습니다. 그리고 제2차 세계대전을 거치면서 고전적 자유주의를 활용한 미국이 패권을 잡게 되지요. 이후 조선 사회주의자들의 투쟁 대상이었던 일제는 패망하며, 일본은 군사보호령으로 편입되어 미 제국의 속국 중 하나가 되었습니다.

최성우나 양명梁明(1902~?) 같은 사회주의적 분석가들은 식민지 시대의 조선인 토착 엘리트들을 '매판자본'이라고 비판했습니다. 하지만 이 엘리트들은 해방 이후에 또 하나의 미 제국 군사보호령인 한국의 지배자가 되어 공산주의를 박멸하려는 반공 규율 국가의 기틀을 잡습니다. 또 다른 비극으로 조선 사회주의자들이 '혁명의 조국'이라고 여겼던 소련의 보수화를 들 수 있습니다. 소련은 이오시프 스탈린Iosif Stalin(1879~1953)과 그 관료들의 독점적 지배 아래에서 결국 국가 주도 개발에 치중하는 국민국가로 재편되고 맙니다.

이 범세계적인 구도 재편은 조선의 사회주의자들에게 많은 경우 '죽음'을 의미했습니다. 이 책의 주인공 몇몇은 자연사했지만, 대부분은 제 명을 다 살지 못하고 일찍 세상을 떠났습니다. 박치우처럼 빨치산으로 한국 군대와 교전하다가 전사한 이들이 있는가 하면, 김명식金明植(1890~1943)처럼 일제의 고문 후유증으로 고생하다가 요절한 이들도 있고, 최성우, 양명, 남만춘南萬春(1892~1938), 김만겸金萬謙(1886~1938)처럼 스탈린주의적 소련 관료들에게 희생된 이들도 있었습니다. 매우 비극적이게도 이 책의 주인공 중 한 명인 임화林和(1908~1953)는 본인이 그 건국에 참여한, 그러나 오래 가지 않아 관료화되어 혁명성을 잃어버린 북한에서 탄압의 희생자가 되었습니다. 조선의 사회주의자들은 '미래'를 보고 살았지만, 정작 본인들의 미래는 대부분 고통과 자연스럽지 못한 죽음이었습니다.

그렇다면 우리로서는 상상하기 힘든 고통을 겪고 일찍 세상을 떠나야만 했던 이들의 희생이 헛된 것이었을까요? 비록 이들이 바라는 새로운 세상은 오지 않았지만, 이들이 선구적으로 내놓은 사상, 발상, 개념의 깊이와 넓이에 우리는 이제야 가까스로 도달하기 시작했습니다.

가령 이 책의 주인공 중 한 명인 한위건韓偉健(1896~1937)은 국제주의적 연대를 바람직하게 생각했습니다. 오늘날 한국 시민들이 군사 정변으로 인권을 짓밟힌 미얀마인들과의 연대를 통해 그

흐름을 계속 이어가고 있습니다. 운동가 사회의 비민주성, 각종 작은 '수령'들의 군림, 대중과의 괴리 등에 대한 한위건의 비판은 오늘날 급진적인 활동가들이 읽더라도 그 문제의식이 맞닿아 있다고 느낄 것입니다. 신남철, 박치우, 임화 등은 당대 주류의 '국학國學' 운동을 비판하면서 조선을 보편이 아닌 특수로 취급해 오로지 그 '우수성'을 입증하는 데 매진하는 극렬 민족주의적 접근법의 위험성을 지적했습니다. 오늘날의 속칭 '국뽕', 각종 '재야 사학' 등 유사 사학의 낭설들을 보더라도 이들의 혜안이 얼마나 탁월했는지 알 수 있지요. 김명식은 민족을 '근대 자본주의의 산물'이라고 설명하는데, 이는 '상상의 공동체'로 민족을 바라보는 오늘날의 보편적 접근을 거의 그대로 예견한 것이 아닐까 합니다.

식민지 시절의 사회주의자들은 독립운동가이기도 했지만 일차적으로는 '선구자'였습니다. 가령 이 책의 주인공 중 하나인 허정숙許貞淑(1908~1991)이 꿈꾸었던 여성의 '경제적 독립'은, 여성 고용률이 57.8퍼센트로 경제협력개발기구OECD 37개국 중 31위인 오늘날 대한민국에서는 과연 얼마나 실현되고 있을까요? 허정숙을 비롯한 당시의 급진파 신여성들은 으레 단발을 하곤 했는데요. 2021년 도쿄 올림픽에서 안산 선수의 단발이 '문제'가 된 것을 보면, 이들의 행동 양식은 지금의 한국에서도 일부는 받아들이지 못할 만큼 급진적이었던 게 아닐까요? 순차적으로 몇 명의 남성 파트너를 두었던 허정숙의 사생활은 1920~30년대에도 가십성 기사의 단골 메뉴였지만, 그녀가 오늘날 한국 사회에 살았더라도 일각에서 지탄을 받았을지 모릅니다.

허정숙의 사례를 통해 극명히 알 수 있듯이, 사회주의자들은 공적 영역뿐만 아니라 사적 영역에서도 당시로서는 '최첨단'을 달렸습니다. 생각과 행동이 여러모로 매우 '멀리' 나간 만큼 이들은 혹독한 대가를 치르거나, 허정숙의 말년처럼 새로운 관료/가부장 체제와 타협을 해야만 했습니다. 그러나 이들의 선구적 노력이 있었기에 오늘날 우리가 상식으로 생각하는 평등이나 복지 같은 개념이 한국의 토양에 제대로 정착할 수 있었겠지요.

대안적 근대를 꿈꾼 이들이 정초한 사상을 들여다보다

조선의 사회주의자들은 꿈을 실현하지 못한 채 대부분 비극적 최후를 맞았습니다. 그러나 그 반대자들의 승리가 영구적이고 불가역적인 것일까요? 상당수의 노동자들을 그때그때 이용했다가 쉽게 해고해도 되는 일회용 '나사'처럼 취급하는 후기 자본주의는 지금 20세기 초반을 방불케 할 정도로 양극화를 낳고 기후 위기까지 몰고 와 장기적으로 지구의 미래 자체를 위협하고 있습니다. 또한 신자유주의적 자본주의의 모범생이 된 대한민국은 집값, 양육비 등의 상승 때문에 출산율이 0.84명으로 떨어져서 2021년 유엔인구기금의 「세계인구현황보고서」에 의하면 조사 대상 198개국 중 출산율이 가장 낮은 나라입니다. 언론에서는 '선진국'으로 인정을 받았다며 자축하는 분위기지만, 오늘날과 같은 경제·사회 모델이 궁극적으로 한국인의 '자멸'을 낳을 것은 불 보듯 뻔한 일입니다.

가면 갈수록 막다른 골목으로 더 깊이 들어가는 분위기는 국내외에서 모두 강해지고 있습니다. 이와 같은 새로운 위기의 시대에 100여 년 전 또 다른 위기의 시대를 겪으며 배태한 당시 사회주의자들의 사상적 유산을 새로운 눈으로 다시 한번 볼 필요가 있지 않을까요? 대안적 근대의 선구자들이 우리가 지금 안고 있는 문제를 두고 고민한 만큼, 우리도 이들의 고민을 다시금 되새겨볼 필요가 있습니다. 이러한 생각으로 저는 일제강점기 사회주의 운동가들의 삶과 사상을 조명하는 이 책을 펴내게 되었습니다.

차례

일러두기

1 이 책은 2018년부터 2021년에 진행한 필자의 강의 녹취록을 수정·보완해 만들었다.

2 중국어 지명은 일제강점기에 두루 쓰인 한국 한자음으로 적되, 처음 나올 때 원어 발음을 기준으로 한 현행 외래어 표기를 괄호 안에 써두었다.

3 단행본은 겹낫표(『 』), 단편·논문·문서는 홑낫표(「 」), 신문·잡지는 겹꺾쇠표(《 》), 시·영화·미술 작품은 홑꺾쇠표(〈 〉)로 표기했다.

신남철

식민지 조선의 제국대학에 출현한
주체의 철학자

▼ ▼ ▼

마르크스주의는 20세기의 한반도를 이해하려면 반드시 알아야 할 이념이자 이 시기에 벌어진 수많은 사안들을 설명하는 데 꼭 필요한 이론입니다. 단적인 예를 하나 들어볼까요? 한국의 뉴라이트는 일제강점기 때 일본의 식민화 과정을 통해 조선의 토착 자본주의가 발전했다는 점을 유독 강조해왔습니다. 그런데 식민지 조선의 자본주의화에 가장 먼저 주목한 이들은 바로 조선의 사회주의자들입니다. 이들은 식민 모국과 식민지 사이의 불평등한 관계 때문에 조선이 일본 산업자본의 원료 제공지이자 독점화된 포획 시장captive market이 되었다고 보았어요. 뉴라이트와 사회주의자들은 같은 지점에 관심을 가지면서 해석에서 크나큰 차이를 보였지만요.

러시아에서 활동한 사회주의자 남만춘은 이러한 견해를 초창기에 피력한 인물 중 하나입니다. 그는 1924년 러시아에서 펴낸 『압박받는 고려』에서 당시의 조선 현실을 분석하면서 저개발 상태인

조선이 지속적으로 일본 산업자본의 이식移植을 받았다고 기술합
니다. 즉 한국에서는 마르크스주의라는 필터를 통해 '개발의 저개
발화the development of underdevelopment'라는 이해의 틀을 마련할 수 있
었고, 이는 지금까지 역사적 상식으로 이어지고 있습니다.

한국으로 마르크스주의가 유입된 경로는 매우 다양한데요. 러
시아를 통해 한국에 전해진 마르크스주의는 시기별로 상당한 차
이가 있습니다.

앞서 언급한 남만춘은 러시아에서 태어난 이주민 2세로, 제2차
러시아혁명 이전부터 불온서적을 읽으며 볼셰비키가 되었습니
다. 박헌영朴憲永(1900~1955)은 1926년 1월 18일부터 수년간 모
스크바의 국제레닌대학에 다녔는데, 블라디미르 레닌Vladimir Lenin
(1870~1924)이 주도한 혁명의 자장을 러시아에서 접한 경우지요.
반면 1930년대 초·중반 이후에 러시아로 온 이들은 모스크바에
있는 코민테른 계열의 대학에 유학하며 스탈린의 영향을 강하게
받았습니다. 스탈린은 남북이 분단되었을 때 박헌영을 제치고 김
일성金日成(1912~1994)을 북한의 지도자로 밀어주는데요. 자신의
정적이었던 니콜라이 부하린Nikolai Bukharin(1888~1938)이 국제레
닌대학에 영향력을 행사하던 시기에 박헌영이 유학했는지라 그
를 신뢰하지 않았다는 이야기가 전해집니다.

한편 일본에서 마르크스주의의 세례를 받은 이들이 상당수 있
었는데요. 1922년 도쿄에서 결성된 유학생 사회주의 단체 북성

회北토會 멤버들을 비롯해 식민지 시기의 대표적인 사회주의 논객 김명식이 그런 경우입니다. 김명식은 제주 출신으로 와세다대학에 유학해 일본어로 된 카를 마르크스Karl Marx (1818~1883) 원전을 읽으며 사회주의자가 되는데요. 1930년대 조선의 대표적인 우파 지식인 이광수李光洙(1892~1950)에 대해 베니토 무솔리니Benito Mussolini (1883~1945)가 되지도 못한 무능한 식민지형 파시스트라고 일갈하는 글을 썼던 인물이지요.

이외에 꽤 희귀한 경로로 마르크스주의자가 된 사례가 있습니다. 북한 민속학의 시조로 평가받는 학자 도유호都宥浩(1905~1982)가 그런 경우인데요. 그는 일제강점기에 중국을 거쳐 독일로 유학을 떠났고, 독일과 오스트리아에서 파시즘 세력이 폭력적으로 집권하는 과정을 지켜보면서 마르크스주의자가 됩니다. 『혁명의 시대』나 『자본의 시대』 같은 저작으로 한국에도 잘 알려진 역사학자 에릭 홉스봄Eric Hobsbawm (1917~2012) 역시 도유호와 유사한 경로로 마르크스주의에 발 들였지요.

그런데 한국 사회에 마르크스주의가 유입되는 또 하나의 경로가 된 곳이 바로 1924년 일본 정부가 설립한 경성제국대학입니다. 조선의 식민지 시기 사회주의자들의 인생, 활동, 철학을 살펴보면서 가장 먼저 소개할 신남철이 바로 이 자장 안에 있던 인물입니다.

식민지의 제국대학,
마르크스주의자들이 숨 쉴 틈새가 되다

당시의 경성제대 교수진을 살펴보면, 한편에는 지극히 보수적인 부류로 조선총독부 관료 출신들이 있었습니다. 다카하시 도루高橋 亨(1878~1967)가 대표적일 텐데, 그는 도쿄제대를 졸업한 뒤 조선 총독부 학무국에서 일하다가 경성제대 법문학부 교수가 되었습니다. 조선 성리학을 주리파와 주기파로 나누어 분석하는, 지금까지 한국 철학사의 기초를 이루는 이론을 편 게 바로 다카하시 도루인데요. 상당히 권위적이었고, 조선의 민족성을 부정적으로 보았지요.

일본 지식인들에게 경성제대 교수직은 마음 편치 않은 자리였습니다. 그래서 일본 정부는 경성제대에 근무하면 이후 유럽으로 유학을 보내주겠다는 회유책을 펴지요. 굳이 조선에 오고 싶진 않았지만 여기에 넘어간 이들이 상당수 경성제대에 자리 잡습니다. 특히 경성제대 철학과는 일본 학계와 견주어 보더라도 상당히 리버럴한 분위기였습니다. 세계 대공황의 여파가 드리운 시기인지라 사회의식 있는 인텔리라면 마르크스주의를 비켜가기 힘들었는데, 일본 좌파들에게 경성제대는 그나마 숨 쉴 수 있는 틈새로 보였을 거예요. 물론 경성제대는 식민주의를 위한 기관이었고 식민주의적인 학지學知를 생산하는 곳이었습니다. 그럼에도

《동아일보》1935년 8월 24일자 기사. 경성제대 교수였던 미야케 시카노스케(왼쪽)가 자신의 관사(오른쪽) 지하에 노동운동가 이재유를 숨겨주었다가 발각된 사건은 조선 사회를 떠들썩하게 했다.

이런 리버럴한 분위기 덕분에 마르크스주의자들이 자리 잡을 수 있었지요.

경성제대의 마르크스주의자 중 상당수는 1927년 이곳에 철학과 조교수로 부임한 미야케 시카노스케三宅鹿之助(1898~1982)의 제자였고, 신남철도 예외가 아니었습니다. 미야케는 자유주의자였다가 바이마르공화국 말기에 독일로 유학 가서 파시즘과 급진 좌파의 불꽃 튀는 대결을 지켜보며 급진 좌파가 된 인물입니다. 그는 1934년 벌어진 한 사건으로 유명해지는데요. 경성에서 활동하던 노동운동가 이재유李載裕(1905~1944)가 경찰에 체포되었다가 도주했는데, 미야케는 자신의 교수 관사의 지하 토굴에 37일간 그를 숨겨줍니다. 그러다가 이재유가 발각되는 바람에 조선 사회에 이 사건이 떠들썩하게 회자되었고, 결국 미야케는 감옥에 가게 되지요.

식민 치하에 불만을 품은 미야케의 제자들은 마르크스주의를 통해 그런 불만을 학문적으로 승화해 나갑니다. 철학자이자 《조선일보》 기자로 활약하다가 빨치산이 되어 토벌대에 사살된 박치우, 농경제학자로 연구를 하면서 사회주의 운동을 벌이다가 월북한 뒤 행정상과 내무상을 지낸 박문규朴文奎(1906~1971), 마르크스주의를 받아들였다가 전향해서 대한민국 건국의 기초를 닦은 유진오兪鎭午(1906~1987) 모두 미야케의 제자였습니다.

마르크스주의를 받아들이는 데 있어서 러시아와 일본을 경유한 해외파와 함께 경성제대를 경유한 또 하나의 부류가 있었던 것인데요. 이들은 일제의 감시를 받으면서 줄곧 경찰 문서에 이름이 오르내렸어요. 이재유 같은 사회주의 활동가 그룹과 교유하기도 했고요. 몇몇 이들은 전향했지만, 그 외의 사람들은 일제 말기에도 시국 강연이나 출병 독려에 가담하지 않았습니다. 하지만 운동성이 강했던 이들에 비하면 큰 고생 없이 무난하게 식민지 시대를 넘긴 이들이지요. 아카데미에 있었기에 가능한 일이었을 겁니다.

그런데 이런 점은 이들의 매력 포인트이기도 합니다. 경성제대의 마르크스주의자들은 마르크스의 저작을 독일어 원전으로 배웠을 뿐만 아니라 마르크스주의의 출현 배경이 되는 독일의 고전 철학을 비롯해 19세기의 유럽 문화까지 폭넓게 학습했습니다. 독일어, 프랑스어, 영어를 능숙하게 구사하면서 상당한 세계성을 바탕으로 조선의 문제를 고민했던 이들이지요. 세계 속의 조선, 그리고 당대의 자신을 들여다본 이들인 겁니다.

가령 신남철은 '주체主體, subject'라는 말을 자주 씁니다. 일본을 통해서, 그리고 유럽 원전에서 많은 것을 흡수하면서도 그것을 어떤 관점과 입장으로 이해하고 받아들이며 활용할지 고민했던 건데요. 그러했기에 필요할 땐 과감하게 원전을 비판하면서 자신의 독자적인 입장을 표명합니다. 신남철의 후기 철학은 그야말로 '주체 철학'이라고 할 수 있지요.

그는 해방 후 월북한 뒤 북한에서 김일성종합대학의 철학과 학과장이 되는데요. 김일성을 중심으로 한 주체 철학이 등장하기 전에 좌천된 뒤 사망합니다. 하지만 신남철의 주체성에 대한 부단한 고민은 차후에 새로운 권력 철학의 이름에도 반영된 게 아닐까, 모스크바로 유학을 다녀온 뒤 북한에 자리 잡는 그의 다음 세대 철학자들에게도 그의 생각이 전해지지 않았을까, 조심스레 추측해봅니다. 물론 신남철이 생각했던 주체성은 북한에서 권력 철학이 된 주체 철학과 그 맥락과 내용이 상당히 다르지만요.

한편 신남철의 주체성에 대한 고민은, 주체적 개인이 출현하지 않으면 해방적 근대가 불가능하다는 생각으로 나아갑니다. 새로운 사회를 만드는 것뿐만 아니라 새로운 인간을 만드는 데까지 관심이 확장된 것이지요. 한국 사회에서 '개인'이나 '개성'은 주술처럼 반복해서 쓰이는 말이긴 합니다만, 일제강점기라는 엄혹한 시기에 신남철이 그러한 개인을 고민했다는 점은 충분히 의미 있지 않을까 싶습니다.

가혹한 시절을 견뎌낸 뒤
북한 철학계의 초기 기틀을 마련하다

이제까지는 일제강점기에 태동했던 마르크스주의의 한 갈래로 서 경성제대를 중심으로 한 흐름을 살펴보았다면, 이번에는 신남 철이라는 개인에 초점을 맞춰 그의 생애와 이력을 살펴보겠습니 다. 신남철은 비교적 유복한 가정에서 태어난 뒤 중앙고등보통학 교를 졸업했고, 1927년 경성제대 법문학부 철학과에 입학합니다. 1931년 대학을 졸업한 뒤에는 학교에서 조교 생활을 하면서 미야 케 시카노스케가 지도한 조선사회사정연구소의 회원으로 활동하 지요.

경성제대 법문학부의 조선인 동창들은 《신흥》이라는 학술지를 발간했는데, 신남철을 비롯한 마르크스주의자들도 여기에 논문 을 실었습니다. 당시에 그의 운동권 선배쯤 됐을 유진오는 이 잡 지에 「유물사관 단장斷章」, 「민족적 문화와 사회적 문화」 같은 논 문을 게재하면서 마르크스주의자에게 민족이란 무엇인지에 대한 이해의 기틀을 마련하지요. 신남철은 이러한 글들을 토대 삼아 자 신의 민족주의론을 펼치기 시작합니다.

일제강점기의 경성제대 교정. 학교 뒤편으로는 낙산이 보인다. 현재의 서울 마로니에 공원 자리에 있었으며, 해방 이후 서울대학교로 통합되었다.

독립운동이 좌절된 뒤 일제의 탄압이 심화되는 1930년대가 되면 '조선 민족'과 '조선 문화'에 관심을 기울이는 조선학, 즉 국학이 유행하는데요. 식민지 당국은 이게 자신들에게 해될 게 없는 문화 활동이자 무난한 담론이라고 봤습니다. 이후 자세히 설명하겠지만 신남철은 당대의 국학에 대해 의문을 제기하는 글들을 발표하는데, 이는 지금의 관점에서 보더라도 상당히 흥미롭습니다. 그러다가 1930년대 후반에 이르면 그는 신체적인 앎을 다루는 인식론 등 자신만의 철학을 본격적으로 펼칩니다. 마르크스주의 일반론과는 다소 결이 다른, 신남철 특유의 생각이 돋보이는 이론이지요.

1933년부터 3년가량 《동아일보》 학술 담당 기자로 일하면서 문예비평도 선보이는데요. 당시의 인텔리들이 많이들 그러했듯 신남철도 문학 소년 출신이었습니다. 어린 시절에 시도 썼고, 에세이와 콩트도 잘 쓰던 사람이에요. 세분화된 지식인의 시대라기보다는 종합적이고 전인적인 지식인의 시대였기에 신남철이 문예 비평을 쓰는 것은 자연스러운 일이었지요.

일제 말기에 이르면 전운이 온 나라를 뒤덮고 각종 신문이 폐간되는 등 사회 분위기가 엄혹해집니다. 하지만 신남철은 이때 경성제대 조교수로 임용되어 다른 이들에 비하면 온전히 살아갈 수 있었습니다. 개인으로선 불운한 세상의 기운을 피할 수 있었던 건데요. 그러다가 해방이 되면 그는 꽤나 바빠집니다. 좌파들의 활동 공간이 열리자 여기저기에서 부르는 이들이 많아진 겁니다. 일제강점기에 활동한 사회주의자들과 접점이 없었던 신남철은 여운형呂運亨(1886~1947), 백남운白南雲(1894~1979) 등이 활동한 좌익 정당인 남조선신민당에 가담합니다.

한편 1946년 미군정은 국립 서울대학교 설립안, 일명 '국대안'을 발표하는데요. 경성제대를 비롯해 일제강점기에 만들어진 9개 관립 전문학교를 통폐합하는 안이었는데, 통합 대상 학교들이 이에 반대하면서 동맹휴학을 벌입니다. 해방 공간에서 이 사안을 중심으로 좌우 대결이 펼쳐지는데, 신남철로서는 국대안에 찬성할 수 없었지요. 또한 미군정하에서 제대로 된 학술 활동을 하기도 어려웠기에 1948년 그는 월북을 감행합니다.

조선 사회주의자 열전

북한에서 신남철은 김일성종합대학에 재직하면서 북한 철학계의 초기 기틀을 마련하고, 법제위원회에서 활동하며 북한의 초기 법체계를 만드는 데 동참합니다. 제가 2007년 8월 영국 런던에서 열린 코리아학국제학술토론회에 참석했는데요. 이 토론회를 공동 주최한 국제고려학회는 평양에 지부를 두고 있습니다. 북한 학자들은 외국과 학술 교류를 하는 경우가 상당히 드문데, 이 학회에서 주관하는 국제 행사만큼은 참여하고 있지요. 여기에서 북한의 사회과학원 철학연구소 김철 교수를 만났는데, 제가 신남철 철학에 관심을 보였더니 본인의 지도 교수였다고 하시더군요. 신남철은 북한의 건립 초기에 철학계에 자리하면서 지금 활약하고 있는 제자들을 길러낸 겁니다.

하지만 얼마 지나지 않아 신남철에게 어두운 그늘이 드리웁니다. 1956년이 되면 그 악명 높은 '8월 종파 사건'이 벌어집니다. 중국 연안(옌안)을 중심으로 항일 투쟁을 벌이다가 해방 후에 입북한 연안파가 마지막으로 힘을 결집해 빨치산파의 김일성을 제거하려 한 사건인데요. 조선노동당 제3차 당대회에서 김일성을 비판하려 하지만, 대다수가 김일성의 편을 들면서 결국 연안파가 무너집니다. 이후로는 연안파뿐만 아니라 빨치산파에 속하지 않은 이들, 특히 남한 출신에 대해 대대적인 비판이 이어지지요. 예전에 박헌영이 이끌었던 남조선노동당(남로당)의 남은 구성원들도 이러한 회오리바람 가운데 숙청되었고요.

이 사건의 여파로 신남철도 주류에서 서서히 밀려납니다. 김일성종합대학 철학 강좌장(학과장)에서 그는 '자유주의자'로 비판받는데요. 이때의 자유주의자란 그야말로 다목적 비판 용어였습니다. 악질분자까지는 아니지만 어쨌든 우리와 다른 파벌이라는 것이고, 누군가를 주류에서 밀어낼 때 쓰는 말이지요. 이처럼 북한의 분위기가 경색되는 가운데 모스크바에서 유학한 이들이 돌아와 김일성종합대학에서 실권을 잡기 시작합니다. 우리에게 잘 알려진, 북한에서 김일성종합대학 총장까지 지내다가 한국으로 망명한 황장엽黃長燁(1923~2010)도 그러한 이들 중 하나입니다. 그는 일제강점기에 일본으로 유학 갔다가 해방 이후 다시 모스크바종합대학 철학부에서 공부한 뒤 이 흐름을 타고 김일성종합대학에 자리 잡지요.

신남철로서는 새로운 나라의 건설에 기여하려는 부푼 꿈을 품고 있었을 텐데, 이 시점이 되면 이 나라에서 더 이상 자신이 쓸모없어졌다는 생각을 했을 겁니다. 결국 그는 남한의 인텔리 출신이라는 비판을 받으면서 모스크바 유학파들에게 밀려나는 가운데 건강이 악화되어서 사망합니다. 이후 북한에서 신남철은 금기시되진 않았지만 서서히 잊힌 채 재조명하기 어려운 존재가 되고 맙니다.

전 세계를 자신의 시야에 두되
구체성을 놓지 않는 길을 고민하며

이번에는 신남철이 쓴 글들을 중심으로 그의 이론을 본격적으로 살펴보려 합니다. 「혁명 시인 하이네, 이성과 낭만의 이원고二元苦와 철학」(《동광》 28~29호, 1931년 11~12월)은 신남철이 경성제대를 졸업한 직후, 그러니까 비교적 젊은 시절에 쓴 글인데요. 여기에서는 그의 문학 소년적 기질이 잘 드러납니다. 이 글이 발표된 《동광》은 민족주의자 안창호安昌浩(1878~1938)의 추종자들이 펴낸 잡지인데, 그때만 해도 민족주의자와 좌파는 종종 제휴했기에 사회주의자들도 여기에 글을 싣곤 했습니다.

하인리히 하이네Heinrich Heine(1797~1856)는 마르크스를 비롯한 초기 사회주의자들과 널리 교유했던 독일의 혁명 시인입니다. 한편으론 사회를 바꾸려는 혁명가였지만, 다른 한편으론 독특한 개성의 소유자로 개별적 개인에 대한 의식이 매우 강했던 인물인데요. 한국에서는 남민전(남조선민족해방전선) 사건으로 10년 가까이 투옥 생활을 한 운동가이자 강렬하고 전투적인 시를 남긴 김남주金南柱(1946~1994)가 하이네를 유독 좋아해서 1980년대에 그의 시를 번역해 널리 알렸지요. 신남철이 보였던 하이네에 대한 관심이 김남주에게 직접 이어진 것은 아닙니다. 하지만 활동 시기는 다를지언정 마르크스주의자였던 두 사람이 모두 하이네에게 매력을

하이네는 낡은 교회의 권위와 절대 군주권 국가 체제를 부정하면서 개인의 자유와 예술의 자율성에 주목했던 혁명 시인이다.

느꼈다는 점이 저에게는 상당히 흥미로웠습니다.

하이네는 대학 시절에 게오르그 빌헬름 프리드리히 헤겔Georg Wilhelm Friedrich Hegel(1770~1831)의 철학에 심취하지만 이후 권력과 유착해 왕권에 복무하는 이론가가 되었다며 헤겔을 비판합니다. 이런 하이네의 비타협성에 신남철은 강한 동감을 표하지요. 또한 하이네는 이성과 낭만을 조화롭게 결합해낸 시인인데, 이런 점이 신남철이나 김남주의 관심을 끌었던 게 아닌가 싶습니다. 신남철은 이성과 정열이 만나는 것이야말로 혁명의 기본이라고 보았고, 그의 철학 역시 로고스와 파토스가 조화롭게 만나지요.

그다음으로 살펴볼 글은, 신남철이 경성제대 조교 시절 발표한 「이데올로기와 사회 파시즘」(《신계단》 1호, 1932년 10월)입니다. 지금의 독자들에게는 '사회 파시즘'이란 개념이 낯설거나 혹은 파시즘에 사회적인 게 있고 그렇지 않은 게 있나 하는 의문이 들 거예요. 하지만 당시의 인텔리들에게 이는 꽤 널리 알려진 말이었습니다.

이 개념을 이해하려면 당시의 국제 정세를 살펴봐야 합니다. 마르크스레닌주의에 기초해 각국 공산주의 운동을 지휘, 지원했던 모스크바의 코민테른에서 예브게니 바르가Evgenii Varga (1879~1964)는 경제학의 브레인 역할을 했는데요. 1927년에 그는 앞으로 세계 대공황이 닥쳐올 것이고, 이 과정에서 노동계급이 급진화할 것이라고 진단합니다. 부하린과 스탈린은 이에 동의하면서, 그렇게 된다면 사민주의자들이 인기를 잃을 테니 이참에 그들과 선을 긋자고 하지요. 어차피 공산주의자와 손잡으려는 사민주의자가 많았던 것도 아니고, 사민주의 진영의 반공주의도 꽤 거셌던 때입니다. 그래서 1928년에 이르면 코민테른에서 사민주의자들과 철저히 갈라서야 한다는 주장이 득세하게 되지요. 이때 코민테른의 공식 문서에서 사민주의를 '사회 파시즘'이라고 지칭합니다. 조선의 인텔리들은 이 상황을 알고 있었기에, 신남철이 사회 파시즘을 비판했을 때 이게 독일 사민주의에 대한 비판이라는 걸 바로 알아챘을 거예요.

마르크스가 인도주의적인 초기 관점을 드러낸 논문들은 독일에서 『역사적 유물론Der historische Materialismus』(1932)이라는 책으로 묶여 출간됩니다. 여기에 독일 사민주의자인 지그프리트 란츠후트Siegfried Landshut(1897~1968)와 야코프페터 마이어Jacob-Peter Mayer(1903~1992)가 쓴 해제가 들어 있었어요. 신남철이 「이데올로기와 사회 파시즘」에서 문제 삼은 것은 마르크스의 논문들이 아니라 이들이 쓴 해제였습니다.

신남철은 이들이 마르크스를 오독하여 그의 계급적 관점을 흐리면서 "무계급적 보편의 원리"를 주장했다고 보았습니다. 마르크스가 계급 없는 보편적 인간을 상정했으리라고 본 것은 오류라는 겁니다. 실제로 마르크스의 초기 이론은 계급적 관점이 뚜렷하진 않으니, 신남철이 마르크스를 다소 도식적으로 이해하면서 독일 사민주의자들을 비판한 것일 수도 있습니다. 하지만 이 비판의 중요한 지점은, 계급적 맥락과 상황을 제거한 보편적이고 추상적인 무언가가 엄청나게 반동적일 수 있다는 자신의 생각을 내비쳤다는 것입니다. 맥락과 상황에 대한 부단한 강조, 이게 신남철 철학의 핵심이지요.

사실 신남철의 독일 사민주의 비판은 1928년 사민주의와 갈라서려고 했던 코민테른의 입장을 추종한 데서 비롯된 것일 수 있습니다. 하지만 이후 코민테른은 정세 변화를 목도하면서 입장을 바꿉니다. 1933년 독일에서 아돌프 히틀러Adolf Hitler(1889~1945)가 정권을 잡으면서 거세게 세력을 넓혀 나가자, 코민테른은 더 이상 사민주의자들과 싸워선 안 된다며 통일전선을 거론하기 시작합니다. 그들의 예측과 달리 노동계급의 급진화가 더뎠으며, 사민주의 자들의 이용 가치가 높아지자 입장을 바꾼 거예요. 결국 1935년 이후로는 사회 파시즘이란 말이 사라지지요. 이러한 변화를 지켜 보면서 신남철도 자기가 펼쳤던 주장을 후회하지 않았을까 싶습 니다.

그렇지만 신남철이 보여준 추상성에 대한 거부, 그리고 구체성 에 대한 요구는 지금 우리에게도 여전히 생각해볼 만한 문제입니 다. 예를 들면 신남철은 사회경제적 맥락을 제거한 채 조선의 민 족문화를 주장하는 것이 반동의 시작일 수 있다고 보았습니다. 그 런데 그의 비판을 찬찬히 들여다보면, 어떤 상황에서 왜 민족주의 가 반동적인지 설명한 뒤 그것을 매우 구체적으로 문제 삼습니다. 민족주의는 모두 나쁘다는 식의 추상적인 비판이 결코 아니었어 요. 가령 남한과 북한은 모두 각자 나름의 민족주의 이념을 갖고 있습니다. 중국에서 오랫동안 싸웠던 공산당과 국민당도 각기 민 족주의적입니다. 그 민족주의의 성격이 다를 뿐이지요. 그런데 추 상적으로 민족주의를 공격해버리면, 마치 뉴라이트에게 저항적 민족주의를 공격하는 빌미를 제공하는 식의 우를 범할 수 있는 겁 니다. 신남철의 구체성과 맥락화에 대한 요구는 이런 문제를 피해 가는 데 참조할 만한 관점이지요.

또한 신남철이 유럽을 비롯해 중국과 일본 등을 자신의 정치적 시야에 두고 이론을 전개한 점도 주목해볼 만합니다. 현재의 한국

지식인들조차 미국과 유럽 정도를 의식할 뿐, 중국이나 일본은 특별히 염두에 두지 못한 채 이론을 펼치는 경우가 많은데요. 그렇게 본다면 신남철은 지금도 극복하지 못한 옥시덴탈리즘을 넘어선 지식인이라 할 수 있을 겁니다.

1930년대에 불어 닥친 하이데거 열풍, 그의 철학에 비판을 제기하다

신남철을 비롯한 당대의 조선 지식인들은 일본의 철학자 미키 키요시三木淸(1897~1945)를 문제적 인물로 주시하고 있었습니다. 그는 일본공산당에 가입하진 않았지만, 마르크스주의에 관심을 가지면서 이를 초기 실존주의와 융합하려 했던 철학자입니다. 하지만 일제 말기에 파쇼적 신질서에 대한 청사진을 제시했던 쇼와연구회昭和研究会에 들어가 활동하지요.

식민지의 젊은 철학자 신남철은 「불안의 사상의 유형화」(《중명》 3호, 1933년 7월)라는 논문에서 미키 키요시를 비판하고 나섭니다. 그는 미키 키요시가 시도한 마르크스주의와 실존주의의 융합에 현실성과 계급적 원리가 부족하다고 보았습니다. 마르크스주의의 도그마를 피하기 위해 실존주의를 끌어들였겠지만, 이는 결국 반동으로 이어질 수밖에 없다고 주장하지요. 일본에서 제기된 미키 키요시 비판과 견주어보더라고 상당히 체계적이고 돋보이는

미키 기요시(왼쪽)는 마르크스와 초기 실존주의를 접목하기 위해 부단히 애쓴 철학자이다. 그리고 그가 주시한 철학자가 바로 1930년대 철학계의 스타로 떠오른 마르틴 하이데거(오른쪽)이다.

비판이었습니다.

실존주의는 한국 철학사에 꽤 많은 흔적을 남겼을 뿐만 아니라 세계 철학사를 이해하기 위해서도 한번쯤 짚고 넘어가야 할 사조입니다. 제2차 세계대전이 끝나기 전까지의 시기에 실존주의의 중심에 있던 마르틴 하이데거Martin Heidegger(1889~1976)는 유럽과 동아시아에서 가장 주목받은 철학자였어요. 그는 1933년 국가사회주의독일노동자당, 즉 나치당에 입당했고, 실제로 그리 되진 않았지만 히틀러의 공식 철학자 자리를 노렸던 인물입니다. 그런 행보에 걸맞게, 제2차 세계대전 때 전쟁의 논리를 제공했던 보수적인 관념주의 철학자들이 하이데거의 글을 즐겨 인용했지요. 또한 독일의 동맹국인 일본에서 하이데거는 자기 입맛에 맞게 활용하기 좋은 철학자였고요.

1930년대에 불어 닥친 하이데거 열풍은 조선에도 영향을 미칩니다. 경성제대 철학과 교수들은 미야케 시카노스케를 제외하면 모두들 칸트와 헤겔을 출발점으로 삼았는데, 여기에 하이데거가 추가되고 이런 흐름이 한국의 보수적인 철학계로 이어집니다. 경성제대 철학과 출신으로 이후 서울대 철학과 교수가 되어 하이데거 철학을 기반으로 1950년대의 철학 교과서를 집필했던 박종홍朴鍾鴻(1903~1976)이 대표적인 인물이지요. 그는 하이데거 철학을 졸업논문의 주제로 삼았고, 자신을 하이데거의 제자라고 생각했습니다. 자기 인생 최고의 순간이 1950년대에 독일에 가서 하이데거를 직접 만났던 때라고 술회하기도 했지요.

박종홍은 신남철의 경성제대 4년 선배였는데, 《신흥》이나 《철학》 같은 잡지에 논문을 같이 싣기도 했습니다. 하지만 이들 사이에는 크나큰 입장 차이가 있었지요. 박종홍은 실존주의에 빠져들면서 조선적인 특징을 파고든 데 반해, 신남철은 하이데거가 왜 나치 철학자가 되었는지를 설파하고 조선만의 고유한 특징 같은 건 없다고 주장합니다. 한 사람은 남한에서, 다른 한 사람은 북한에서 철학의 기틀을 마련하는 엇갈린 운명이 이때부터 시작된 것이지요. 하이데거 열풍은 이후로도 이어져 남한에서는 1950년대에도 실존주의가 상당한 영향력을 발휘합니다.

조선 사회주의자 열전

하이데거의 철학은 현실에 홀로 내던져진 개인이 느끼는 공포, 그리고 그 공포의 근본이 된다는 '무無'에 대해 이야기합니다. 결국 세계에는 개인이 믿을 만한 것이 하나도 없다는 것이지요. 하이데거의 철학에서는 이성이나 오성이 거의 언급되지 않습니다. 이성보다는 감성을 기반으로 삼는데, 이는 신남철이 좋아했던 정열이나 파토스와 결이 다르지요. 또한 하이데거는 갈등이나 모순에 별반 관심을 보이지 않습니다. 각각의 개인은 경제적·사회적 입장 차이에 따라 갈등을 겪을 수밖에 없는데, 이를 해결해가면서 사회가 진보할 수 있다는 전망이 하이데거의 철학에는 끼어들 여지가 없습니다. 무에서 시작해서 무로 끝나는 철학에 진보가 싹틀 자리는 없는 겁니다.

하이데거의 철학은 원자화된 개인의 공포를 출발점으로 삼기에 그 어떤 윤리나 도덕도 제어할 수 없는 파괴적인 집단행동으로 이어질 수 있습니다. 신남철은 「나치스의 철학자 하이데거」(《신동아》, 1934년 11월)에서 이러한 하이데거 철학의 위험을 경고하지요. 그는 "오성으로 이해 불가능한 무에의 집착이 결국 인텔리로 하여금 전체주의 신화에의 복무를 가능케 한다"라고 말합니다. 구체적인 사회적·역사적 맥락 없이 무, 인간, 공포 같은 화두를 던지는 하이데거의 철학은 반동 독재에 부화뇌동할 수 있다고 본 것입니다.

그러면서 신남철은 하이데거를 "나치스의 철학자"로 규정하는

데, 실제로 하이데거가 나치당에 입당했으니 그 사실을 밝힌 것을 비판이라고 할 순 없을 거예요. 다만 신남철은 여기에서 나아가 하이데거 철학의 가장 큰 문제, 즉 현실의 모순을 은폐한다는 점을 지적합니다. 하이데거가 말하는, 원자화된 개인과 무 외에는 아무것도 없는 세계는 결국 공포와 허무로 가득 찰 수밖에 없고, 이를 신남철은 탈사회적이고 탈역사적인 2차적 신비화로 본 겁니다. 하이데거 철학이 신화를 비판적으로 해체하지 못한 채 이를 쉽게 받아들인 것은 이러한 이유 때문이지요.

하이데거의 인생 역정을 되짚어보면, 신남철의 지적은 꽤 합리적이고 타당합니다. 하이데거는 나치 독일에 복무하지만 이후 자신의 부역에 대해 제대로 반성하지 않아요. 냉전 시대에는 그의 실존주의 철학이 공산주의에 맞서는 무기로 활용되기도 하고요.

이후 신남철은 본격적으로 자신의 철학 세계를 펼치기 시작합니다. 그가 철학에 절실히 요구한 것은 '입장'이었습니다. 입장이란 맥락과 관계성이 고려된, 본인이 서 있는 상황과 관련된 것이지요. 「입장의 문제와 이데올로기」(《비판》 13~14호, 1932년 5~6월)는 이러한 신남철의 철학을 잘 보여주는 글입니다. 그는 철학자가 어떤 철학을 펼치기 전에 자신이 서 있는 상황, 즉 자신이 누구이고 무엇이며 어디서 어떻게 출발하는지를 먼저 밝혀야 한다고 보았습니다. 입장을 떠나서는 철학이 있을 수 없다는 거예요.

이는 철학적으로 중요한 문제 제기일 뿐만 아니라 정치적·사회적 담론을 펼 때도 염두에 두어야 할 사안입니다. 예를 하나 들어 보지요. 한국은 풀뿌리 민중 사회 조직이 매우 취약한 나라인데, 그럼에도 한국의 주류 사회는 그나마 있는 노조를 엄청나게 혐오합니다. 특히 보수 언론들은 '귀족 노조' 운운하며 대기업의 정규직 노조에 대해 갖은 비난을 퍼붓지요. 이는 분명 문제적인 현실입니다.

그렇지만 노조가 비판의 성역이 되어선 안 될 겁니다. 진보적 입장에서 노조에 문제 제기를 할 수도 있는 거고요. 가령 대기업과 중소기업, 원청과 하청 같은 한국의 이중 경제구조를 고려하면서 대기업 노조를 재고해볼 필요가 있습니다. 재벌 경제와 서민 경제가 각기 별개로 운용되는 가운데서, 대기업의 남성 정규직 노동자에게 '귀족'이란 말을 붙여선 안 되겠지만 그들이 재벌 경제의 권역 가까이에 있는 건 사실입니다. 한국 사회에서 이는 작을지언정 엄연한 특권이지요. 단적으로 말하면 비정규직 노동자에 비해 대기업 노동자는 한국 사회라는 복잡한 사다리에서 어느 정도 위에 올라 있는 것이고요. 진보적인 입장에서는 이런 상황을 읽어가면서 대기업 노조에 바라는 바를 이야기할 수 있을 겁니다. 이는 보수 언론의 '귀족 노조' 같은 비난과 맥락이 다른 것이지요.

일제강점기를 살아간 신남철에게도 지금의 우리와 마찬가지로 입장에 대한 고민이 있었던 겁니다. 표면적으로 같아 보이는 비판

일지라도 무엇을 출발점으로 삼아 어떤 맥락에서 이야기하는가
에 따라 그 비판의 성격이 완전히 달라질 수 있다는 걸 자각하고
있었던 것이지요.

신비화된 국학 담론에 반대하며
보편적 세계사 가운데서 조선을 모색하다

일본의 조선 강점 이래로 독립운동이 말살되고 마르크스주의 진
영의 급진 운동도 탄압받는 가운데, 1935년에 이르면 카프KAPF,
Korea Artista Proleta Federacio라는 이름으로 알려진 조선프롤레타리아예
술가동맹마저 와해되고 맙니다. 조선공산당을 재건하려는 시도
역시 실패로 돌아가고, 이재유가 이끌던 경성과 경기도 노동운동
조직도 끝내 족적을 숨기게 되지요.

　이런 상황에서 급진파와 어느 정도 거리를 두고 있던, 문화민족
주의를 지향하는 중간적 지식인들은 하나의 분화구로서 국학을
전개해 나갑니다. 현실의 탄압과 부조리, 만주 침략 등을 내세우
는 일본의 제국주의적 전쟁, 이에 편승해 돈을 버는 조선인 기업
같은 복잡한 문제들을 뒤로한 채, 이들은 일본과의 갈등을 일으키
지 않으면서 조선 민족의 과거를 위대하게 복원하려는 담론을 펼
칩니다. 단군신화를 재조명하고 한글의 우수성을 설파하는 이야
기가 이런 맥락에서 등장한 겁니다.

조선의 1930년대는 그야말로 국학의 시대라 할 수 있는데, 신남철은 이에 대한 비판적 견해를 개진합니다. 「조선 연구의 방법론」(《청년조선》, 1934년 10월), 「최근 조선 연구의 업적과 그 재출발」(《동아일보》, 1934년 1월 1~7일), 「동양 사상과 서양 사상」(《동아일보》, 1934년 3월 15~23일) 등에서 국학에 대한 그의 생각을 엿볼 수 있지요.

신남철은 맥락에서 벗어난 채 관념화되고 신비화된 민족 담론이 얼마든지 악용될 수 있다고 주장하면서 이를 반동의 시작으로 보았습니다. 당시의 국학은 조선인이 다른 민족과 본질적으로 다르다는, 조선의 특수성에서 출발한 담론이었는데요. 예를 들면 안확安廓(1886~1946)과 최남선崔南善(1890~1957)은 단군신화에서 폭력이 부재하는 원초적으로 선한 공동체라는 특징을 끌어냅니다. 이광수는 나무의 인자한 기운을 받은 선한 민족으로 조선인을 상정합니다. 조선을 다른 세계와 별개로 존재하는 특별한 곳으로 본 것인데, 사실 이런 논리는 그 당시의 일본 국학에서도 동일하게 나타납니다.

도쿄제대 윤리과 교수를 지낸 일본의 철학자 와쓰지 데쓰로和辻哲郎(1889~1960)는 하이데거 철학에서 착안해 유럽인과 일본인의 존재 방식을 다룬 『풍토風土』(1935)라는 책을 썼는데요. 일본은 여럿이 함께 농사지으며 살아온 공동체 사회이기에 서양이나 중국과 달리 개인주의가 불가능하고, 천황이라는 가부장적 존재를 중

심으로 한 가족 같은 비폭력적 공동체라고 말합니다. 이와 같은 일본 특수론은 조선 특수론과 개별 내용이 다를지언정 논리는 별반 다르지 않지요.

이런 특수론에 대해 신남철은 의문을 제기합니다. 조선이 나머지 세계와 차이가 있다면 그것은 역사 발전 과정의 차이일 뿐 역사의 보편적 법칙은 조선에도 적용된다는 거예요. 민족주의자들이 민족 자체를 탈맥락화해서 별도의 세계로 조선을 설정하려 했다면, 마르크스주의자들은 세계사의 보편적 합법칙성 가운데 조선을 맥락화하려 했던 겁니다.

당시 일본의 제국대학들은 학과를 편성하면서 동양사와 서양사와는 별도로 국사, 즉 일본사를 두었습니다. 경성제대도 마찬가지였고, 이 체제는 한참 동안 한국에 이어졌지요. 물론 지금은 '국사' 대신 '한국사'라는 말을 쓰지만요. 즉 자국의 역사를 세계사의 맥락 속에서 이해하는 게 아니라 그것만을 별도로 분리하는 습속이 오랫동안 지속되어온 겁니다. 이러한 인식 때문에 '국사'라는 개념에 기댄 이들은 동양사나 서양사를 별반 공부하지 않았습니다. 한국을 하나의 소우주로 여기고, 한국사를 특수사로 본 것인데요. 신남철은 이런 관점에 맞선 겁니다.

그런데 신남철이 국학을 비판하면서 '아시아적 생산양식'이라는 문제적 개념을 꺼내든 점은 지적하고 넘어가야 할 듯합니다. 일제강점기에 신남철을 비롯한 많은 마르크스주의자들은 이를 기정사실로 받아들였습니다. 아시아의 대부분이 원시공동체 형태로 소규모의 집약적 농업을 하고 있었다는 건데, 이건 아시아에 무지한 19세기 유럽 지식인들이 고안해낸 개념입니다. 이는 자본주의 발달에 필요한 사유제나 합리적인 관료제가 아시아에 존재하지 않았기에 유럽의 아시아 침략이 필수 불가결하다는 주장으로 이어지지요.

사실 마르크스는 아시아에 대해 상당히 이중적이고 모순적인 입장을 취합니다. 혁명가로서 그는 아시아 민중의 반식민지·반침략 투쟁을 지지합니다. 1857년부터 벌어진 인도의 무장 독립운동도 지지했고, 태평천국운동 같은 중국의 민중 반란에도 관심을 가졌어요. 하지만 인도나 중국이 스스로 자본주의를 배태하지는 못하리라고 봤습니다. 아시아 사회는 원시공동체가 거의 그대로 유지되었기에 개인이 재산을 소유하는 사유제로 나아가지 못한 채 국가가 국토즉왕토國土卽王土식으로 유일무이하게 전국 토지를 소유하고 있다고 생각했지요. 즉 당대의 유럽인들이 품고 있던 아시아에 대한 무지와 편견을 마르크스도 상당 부분 공유하고 있었고, 오리엔탈리즘에 젖어 그런 담론에 제대로 맞서지 못했던 겁니다.

그렇다면 실제로는 어땠을까요. 아시아의 역사를 살펴보면, 중국에서는 한나라 때 어느 정도 토지에 대한 사유제가 확립되었고 조선에는 15세기에 작성된 개인 간에 맺은 토지 매매 문서(문기文記)가 남아 있습니다. 아시아적 생산양식은 사실에 반하는 언어도 단이에요. 차이가 있다면, 중국과 조선 같은 농업 관료 국가는 상인을 보호하고 공업에 투자하며 부단히 전쟁을 벌이는 유럽식 중상주의 국가가 아니었다는 점입니다. 또한 국가 관료 집단의 이념, 성향, 행동 방식 등이 달랐지요.

1920~30년대에 마르크스주의 진영에서는 아시아적 생산양식을 두고 꽤 많은 논쟁이 벌어집니다. 코민테른의 일부 마르크스주의자들은 중국에서 봉건제와는 다른 국가 위주의 생산양식이 있었다고 주장하고요. 독일의 마르크스주의자 카를 비트포겔Karl Wittfogel(1896~1988)은 관개농업이 지배적이었던 중국의 경우 국가가 유일한 봉건 영주로 기능했다는 주장을 펴기도 합니다. 이러

한 논쟁이 불거진 뒤 소련의 주류 사학계에서는 공식적으로 아시아적 생산양식론을 배격해요. 이 이론이 민족의 독립 투쟁에 유해한, 어찌 보면 아시아를 세계사에서 배제하는 논리라고 보았기 때문입니다. 그럼에도 많은 마르크스주의자들에게 이 이론의 영향이 남아 있었지요.

신남철은 세계사 가운데서 조선을 보편화하기 위해 그 이론적 도구로 아시아적 생산양식론을 끌어옵니다. 서양이나 일본에 비해 관개농업이 지배적이었던 조선에서는 지주보다 왕의 권력이 강했고, 그러했기에 아시아적 봉건제가 유지되었다고 보았는데요. '아시아적'이라는 수식어가 붙어 있긴 하지만 '봉건제'라고 지칭한 점으로 미루어보면, 신남철은 여기에서 일차적으로 조선사의 세계사적 보편성을 주장한다고 봐야 할 겁니다. 신남철이 끌어다 쓴 아시아적 생산양식론에는 오류가 있었지만, 이를 통해서 그가 조선의 본질적 '특수성'을 주장한 게 아니라는 점은 감안해야 할 듯합니다.

신남철은 국수주의적 조선학을 비판하면서 그 대안으로 중국의 후스胡適(1891~1962), 첸쉬안퉁錢玄同(1887~1939), 차이위안페이蔡元培(1868~1940) 등이 5·4운동 이후 벌인 민주적·과학적 국학 운동을 거론합니다. 이 운동이 반식민지 상태에서의 해방을 주장하면서 동시에 개인이라는 관념이 중국에 뿌리내릴 수 있게 했다면서 그 상대적 진보성을 높이 평가한 것이지요. 후스 같은 경우는

《동아일보》 1935년 1월 5일자에 실린, 신남철의 「최근 조선 연구의 업적과 그 재출발」 기사. 그는 후스 등이 주도한 국학 운동의 상대적 진보성을 높이 평가하면서 이를 '진보적 국학'의 모델로 제시했다.

미국에 유학해서 존 듀이John Dewey(1859~1952)에게 교육학을 배운 뒤 돌아왔는데, 마르크스주의자는 아니었지만 중국이 합리적 근대 문화를 받아들여야 한다고 주장한 실용주의자였지요. 지금의 한국에서 중국은 주로 경제적 존재일 뿐이지만, 일제강점기의 지식인들은 중국을 일종의 벤치마킹 대상으로 삼고 있었습니다. 신남철 역시 중국의 사례에 관심을 보이면서 조선이 참조해야 할 지점을 언급한 것이고요.

진정한 인텔리는
어떻게 변혁 운동에 나서게 되는가

일본이 중국을 침략하면서 전의를 불태우는 1930년대 후반에 신남철은 자기 고유의 철학 이론을 꽃피웁니다. 그의 글 가운데서 세계 철학에 기여한 것을 꼽자면 바로 이 논문, 「인식·신체 급及

역사」(《신흥》, 1937년 1월)를 거론해야 할 거예요. 여기에서 신남철은 무언가를 제대로 안다는 것이 결국 몸으로 아는 것以身知之이라는 주장을 폅니다. 앎이란 단순히 머리로 아는 게 아니라 그것이 신체에 침투하여 그 절실함을 피부로 느끼는 경지라는 것이지요. 그런데 신남철이 보기에 몸으로 안다면 가만히 있을 수 없습니다. 실천으로 이어져야 하고, 이것이 바로 중국 명나라의 철학자 왕양명王陽明(1368~1661)이 말한 지행합일知行合一일 겁니다. 신남철의 이 논문은 헤겔과 마르크스의 인식론에 동아시아적인 특색을 잘 결합했다고 평할 만합니다.

연이어 발표한 「고뇌의 정신과 현대」(《동아일보》, 1937년 8월 3~7일)는 신남철의 문예비평이자 독특한 지성론입니다. 여기에서 신남철은 앎이 자기 몸을 보존하는 데 머무는 명철보신明哲保身을 비판합니다. 그에게 인텔리란 현실의 맥락을 이해하고 총체성을 파악하면서 미래에 대한 비전과 실천을 겸비한 사람이었습니다. 그러하기에 진정한 인텔리라면 아는 데서 멈춰선 안 되는 것이지요.

신남철은 인텔리들이 왜 세상을 바꾸려는 에너지로 충만해야 하며 혁명에 나서야 하는지에 대해 답하고 싶었던 것 같습니다. 사실 인텔리들은 노동계급도 아니고, 대개의 경우 경제적으로 궁핍하지도 않잖아요. 그런데 왜 굳이 그런 험난한 일에 나서야만 하는 것일까요. 진정한 지식인이라면 그럴 수밖에 없다는 게 신남철의 결론이었습니다. 머리로만이 아니라 몸으로까지 사회 변혁의 필요성을 알게 되면 결국 변혁 운동에 나설 수밖에 없다는 겁니다. 또한 그가 말하는 최후의 혹은 최대의 앎이란 곧 자기희생입니다. 무언가를 몸소 알고 실천하다 보면 결국 희생이 따를 수밖에 없겠지요. 이처럼 자기 자신을 내던지는 숭고함은 헤겔 철학에서도 매우 중요한 부분입니다.

자본주의의 핵심부에서는 혁명운동의 상당 부분을 노동계급이 주도하지만, 자본주의의 주변부에서는 지식인들이 혁명운동을 이끄는 상황이 벌어지곤 했는데요. 신남철의 글은 후자의 세계에 있던 지식인들의 내면을 이해하는 좋은 실마리일 듯합니다. 경제 문제 때문이 아니라 진정한 의미의 앎을 원하는 내면의 요구가 지식인들을 혁명으로 이끌었다는 것이지요.

한편 전쟁이 본격화되어 중국의 곳곳에서 잔인한 학살이 전개되는 1940년, 신남철은 「전환기의 인간」(《인문평론》, 1940년 3월)이라는 논문을 발표합니다. 여기에서 그는 실천에 다다르지 못한 창백한 인텔리들을 "잠언을 저작하는 인간"이라고 규정합니다. 솔로몬의 잠언 같은 현명한 말을 하지만, 거기에 머물면서 회의하고 주저하기만 하는 프티부르주아들을 비판한 겁니다. 이때 신남철은 학교에서 학생들을 가르치면서 별다른 투쟁에 나서지 않은 채 조용히 살아가고 있었어요. 그랬던 그가 자기 스스로를 어떻게 바라보면서 이런 글을 썼을지 상당히 궁금하긴 합니다.

좀더 시간이 흘러 1942년이 되면 히틀러는 러시아를 침략해 볼

제2차 세계대전 때 미국에서 제작된 포스터. 전쟁이 치열하게 진행되면서 미국에서는 일본인을 백인 사회에 위협이 되는 무리로 묘사하는 프로파간다 포스터가 대량 유포된다.

가강 근방까지 점령해 들어가고, 일본은 중국의 3분의 1을 잠식합니다. 많은 이들에게 이 전세의 역전은 불가능해보였어요. 그래서였는지 신남철은 조선총독부의 기관지인 《매일신보》에 「자유주의의 종언」(1942년 7월 1~4일)이라는 쓰지 말았어야 할 글을 한 편 발표합니다.

　신남철이 바랐던 것은 자본주의 이후에 더 나은 사회가 만들어지는 것이었습니다. 하지만 실제로 그가 목도한 것은 전체주의적인 독일과 일본이 소련과 중국, 그리고 자유주의적 자본주의 국가들을 이기는 상황이었지요. 이에 신남철은 자본주의의 존재 형태 중 하나인 자유주의가 종언을 고했고, 일본을 중심으로 한 전체주의적 신질서가 동아시아를 제패하리라고 진단합니다. 그런데 전체주의의 승리를 인정하면서도 그는 새로운 세계 질서를 수립하려는 인간성의 자유가 중요하다고 말합니다. 시대가 그렇게 흘러가더라도 자유와 개성을 완전히 포기하지는 말아야 한다는 유보적 입장을 취한 것인데요. 전체주의에 정면으로 맞서지는 못하지만 완전히 투항하고 싶진 않은 이중적 모습일 겁니다. 패배를 인정할지언정 악질적 친일 행각에까지 이르지 않은 것이 다행이긴 하지요.

하지만 1945년 8월이 되면 기나긴 전쟁이 끝나고 해방의 날이 찾아옵니다. 완전히 투항하지 않은 덕분이겠지만, 좌우 세력들이 각자 자신의 목소리를 낼 수 있게 되자 신남철은 진보 진영의 대표적인 사상가로 부상합니다. 하지만 좌파와 우파의 치열한 대립이 이어지자 그는 1948년 월북을 감행하지요. 그리고 김일성종합대학에서 북한 철학의 기틀을 마련해 나갑니다. 이후 모스크바 유학파들이 북한으로 돌아오면서 용도 폐기되어 밀려나는 운명에 처하지만요.

신남철의 철학을 미화하거나 이상화할 필요는 없습니다. 다만 집단적 투쟁을 벌일 수 있는 개성적이고 실천적인 개인을 모색하면서, 동시에 관념주의자가 전체주의에 이용될 수 있는 측면을 잘 지적한 이성의 철학자로서 그는 의미가 있지 않을까 싶습니다. 그리고 조선의 특수성을 강조하면서 조선과 세계를 분리해 바라보

는 게 아니라 보편타당한 학제로서 국학이 가능한지 탐색해본 점
또한 눈여겨봐야 할 듯하고요. 보편적 이상을 중시하면서도 그와
결부되는 맥락과 구체성을 철학적 모색의 출발점으로 삼은 점, 왕
양명의 지행합일 철학과 마르크스주의 인식론을 아우르면서 세
계 체제의 주변부에 혁명 전위가 만들어지는 상황을 설명한 점은
무엇보다도 주목해봐야 하겠지요.

　일제강점기의 사회주의 역사를 살펴볼 때, 운동으로서의 역사
도 기억해야 하겠지만 사상으로서의 역사도 함께 짚어봐야 합니
다. 그리고 해외파의 영향을 받지 않은 채 조선에서 원전을 읽고
마르크스주의를 받아들인 국내파들이 있었다는 점은 분명 기억
할 만한 일입니다. 이것이 신남철을 비롯한 경성제대의 마르크스
주의자 그룹을 이 강의의 첫 자리에 놓은 이유입니다.

박치우

파시즘의 기원을 찾아 나선 이론가이자
비운의 빨치산

조선 시대에는 으레 그러했지만, 일제강점기에도 많은 지식인들은 아호를 즐겨 썼습니다. 가령 이광수는 춘원春園, 박종홍은 열암洌巖이라는 아호를 썼지요. 그런데 지금부터 살펴볼 박치우에게는 아호가 없었습니다. 그만큼 과거보다는 현재와 가까운, 근대화된 인물입니다.

　제가 처음 박치우를 접한 것은 그가 해방 직후에 쓴 민족주의에 대한 논문을 통해서였습니다. 암묵적으로 한국독립당 계열의 민족주의 우파를 비판하면서 쓴 글이었는데요. 민족주의의 여러 특징을 철학적으로 해명하는 이 논문에서 박치우는 민족주의의 큰 역설 하나를 지적합니다.

　그에 의하면, 한편으로 민족주의는 철저히 근대적인 사상입니다. 이전에는 노비와 주인이 같은 범주의 민족에 속한다는 생각 자체를 하지 못했지요. 하지만 다른 한편으로 민족주의는 근대성의 가장 해방적인 측면인 보편적 이성과 화해할 수 없는 사상입니다. 핏줄과 토양, 즉 태생적 종족 성분을 바탕으로 한 민족의 결합과 단결의 논리는 보편적 이성과는 거리가 멉니다. 이성보다는 자의식에 호소하기에 민족주의는 로고스보다 파토스에 중점을 둡니다.

박치우는 이러한 민족주의의 양면성을 꿰뚫어보면서 이 사상이 사회 모순을 은폐하는 위험성을 지적합니다. 또한 후진국의 반동적 통치자들이 극우적 민족주의를 자기 이념으로 삼은 점을 거론하는데요. 폴란드의 유제프 피우수트스키Józef Piłsudski (1867~1935)와 태국의 쁠랙 피분송크람Plaek Phibunsongkhram (1897~1964)을 그 사례로 듭니다. 1926년 쿠데타를 일으켜 정권을 잡은 뒤 유사 파시즘적 백색 독재를 편 폴란드의 피우수트스키, 그리고 1947년 태국의 수상이 된 뒤 반공 친미 정책을 편 피분송크람이 박치우의 시야 안에 있었던 것이지요. 머나먼 나라들의 반동적 통치자들이 행한 과오를 염두에 두면서 자신의 나라가 그러한 암울한 미래로 나아가지 않기를 바랐던 좌파 지식인이라니, 상당히 매력적이지 않나요?

이어서 제 눈에 들어온 것은 박치우의 전체주의 분석이었습니다. 일제 말기에 일본의 공식 이데올로기는 내선일체內鮮一體나 팔굉일우八紘一宇 같은 것들이었습니다. 일본 천황의 덕이 세계에 퍼지고 온 세계가 천황에 의해 총화된다는 식의 사이비 유교적인 반동 이데올로기인데요. 당시에 유럽식 전체주의는 일본의 동맹국

박치우는 극우적 민족주의에 기반해 독재를 편 인물로 폴란드의 피우수트스키(오른쪽)과 태국의 피분송 크람(왼쪽)을 예로 든다. 이후 남한에서 유사한 일이 벌어지리라는 걸 그는 예견이라도 했던 것일까.

인 독일과 이탈리아의 공식 이데올로기였지만, 일본에서는 통용되지 않았습니다. 그래서 일제강점기에 조선에서 전체주의에 대한 비판이 어느 정도는 가능했어요. 내선일체나 팔굉일우를 명시적으로 비판했다가는 검열에 걸렸겠지만, 유럽식 전체주의에 대한 비판은 이를 피해갈 수 있었던 거예요.

　이 틈새를 박치우가 치고 들어가는데요. 그는 깊이 있는 전체주의 비판으로 당대에 두각을 나타낸 지식인이었습니다. 이제까지 파시즘의 뿌리와 의미를 분석한 저서들은 수없이 많이 나왔습니다. 하지만 박치우의 파시즘 분석에는 그 나름의 독특함이 있어요. 그는 독일과 이탈리아에서 인간성이 말살되고 전체주의가 퍼져가는 것을 머나먼 조선에서 내다보면서 그 세계사적 의미를 고민했던 지식인입니다.

한편 저는 해방 이후 박치우가 처한 상황이나 그의 선택을 떠올리면서 비장미를 느끼기도 했습니다. 박치우는 남로당 소속으로 소련 문서에 박헌영의 수행비서로 묘사될 만큼 그와 가까웠습니다. 월북한 뒤에는 빨치산이 될 사람들을 가르치는 강동정치학원의 정치부원장으로 활동했고, 결국 그 자신도 빨치산이 되어서 교전하다가 죽고 맙니다. 살아남았더라도 남로당 출신이었으니 북한에서는 이후에 목숨을 부지하기 어려웠을 테고, 남한에서도 그에게 남은 선택지는 죽음밖에 없었을 겁니다. 북한에서도, 남한에서도 살아남을 수 없는 삶을 살아온 인물에게서 비장미를 느끼는 건 당연한 일일 거예요.

빨치산 이력 때문에 박치우는 남한에서 금기시되다가 1988년 '납북·월북 문인 해금' 조치가 있고 나서야 점차 이름을 거론할 수 있게 됩니다. 이후 전남대의 위상복 교수 등 몇몇 학자들이 그에 대한 연구를 했지만, 아직까지 큰 조명을 받지 못한 채 가려져 있는 인물이지요. 지금도 식민지 시대의 사회주의 지성사를 살필 때 빨치산이 되어 사라진 박치우보다 다른 이들을 먼저 떠올리지 않을까요? 우리가 은연중에 그 시절의 대표적인 사회주의자로 생각하는 이들에 비하면, 박치우는 남한과 북한 모두에서 망각될 수밖에 없는 존재였습니다.

일제강점기와 해방을 거치며
치열하면서도 비극적인 삶을 살다

우선 박치우의 인간적 면모를 이해하는 데 필요한 그의 생애를 간략히 살펴보겠습니다. 박치우는 1909년 8월 22일 함경북도 성진(지금의 김책)에서 태어났습니다. 그의 아버지는 장로회 평양노회에 소속된 전도사였고, 이후 목사 안수를 받은 뒤 시베리아에 가서 고려인들에게 전도 활동을 하지요. 박치우는 기독교인으로 자신을 정체화하지는 않았지만 그 영향 아래에서 어린 시절을 보냈을 겁니다. 당시의 함북 지방이라고 하면, 지리적으로 러시아와 인접해 있어서 좌파 성향이 강한 곳이었고 종교적으로 본다면 캐나다 장로교 선교사들이 활동하면서 평양에 비해 리버럴한 기독교가 자리 잡았던 곳이지요. 박치우의 아버지가 집을 떠난 사이, 그의 가족은 줄곧 가난에 시달려야 했습니다. 이런 가정환경 역시 이후의 그에게 영향을 미쳤을 거예요.

함북에서 경성고등보통학교를 졸업한 박치우는 1928년 경성제대 철학과에 들어갑니다. 그는 미야모토 와키치宮本和吉(1883~1972)의 지도로 니콜라이 하르트만Nicolai Hartmann(1882~1950)에 대한 논문을 쓰고 대학을 졸업하지요. 미야모토 와키치는 이와나미 출판사에서 칸트 선집을 펴내기도 했던 일본의 대표적인 리버럴 철학자인데, 이런 리버럴들이 어느 정도 똘레랑스를 보여주었기에 좌파들이 그나마 숨 쉴 수 있었습니다.

1933년 대학을 졸업하고서 박치우는 지도 교수의 연구실에서 조교로 일합니다. 당시의 경성제대 조교는 지금의 대학 조교와 달리 여러 언론에서 원고를 청탁해올 만큼 독립적인 지식인으로 인정받는 자리였습니다. 그러면서 그는 신남철, 박종홍, 안호상安浩相(1902~1999), 전원배田元培(1903~1984), 갈홍기葛弘基(1906~1989) 등과 함께 철학연구회의 회원으로 활동합니다. 마르크스주의자였던 박치우와 신남철을 제외하고, 나머지 회원들의 면면과 미래를 살펴보면 꽤나 아이러니합니다.

박종홍은 서울대 철학과 교수로 지내면서 국민교육헌장을 만드는 등 박정희朴正熙(1917~1979) 시대 국가의 공식적 철학자로 자리매김했고요. 안호상은 해방 이후 세계 체제의 주변부적 파시즘인 일민주의一民主義를 창시해서 박치우에게 꽤나 비판을 받았는데, 남한의 초대 문교부 장관을 지내면서 '홍익인간'을 교육 이념으로 정하는 데 주도적인 역할을 했지요. 전원배는 하르트만 철학의 전문가였는데, 해방 직후에 프리드리히 엥겔스Friedrich Engels(1820~1895)와 레닌을 한국어로 번역했고 대한민국 건국 이후에는 주로 '무난한' 헤겔 연구만 했습니다. 갈홍기는 감리교 목사인데 이승만李承晩(1875~1965) 정권 때 공보실장으로 국정 홍보를 도맡았어요. 심지어 이승만의 팔순 때는 한 홍보 책자에 그를 "동방의 예수 그리스도"라고 추켜세우기까지 했지요. 즉 철학연

박치우는 평양의 숭의실업전문학교에 재직하던 시절에 결혼한 것으로 알려져 있다. 사진 속 인물은 박치우와 그의 아내 김종숙.

구회의 회원들은 박치우와 신남철을 제외하면 모두 남한에서 주류 철학의 기반을 만든 이들이었습니다.

박치우는 대학을 졸업한 다음 해에 평양의 숭의실업전문학교에 교수로 임용됩니다. 하지만 일제의 신사참배 강요가 이어지자 1938년 학교가 자진 폐교를 하면서 그는 교수직을 잃게 되지요. 이후 박치우는 서울로 와서 《조선일보》 사회부 기자로 일합니다. 당시의 《조선일보》는 《동아일보》보다 진보적이라는 평을 들었던, 지금의 《조선일보》와는 상당히 다른 언론사였습니다. 백남운, 한용운韓龍雲(1879~1944), 홍명희洪命熹(1888~1968)를 비롯해서 많은 마르크스주의자, 자유주의자, 체제 비판자 등이 그나마 글을 팔 수 있는 곳이었지요. 하지만 이마저도 폐간되어 1940년 4월에 박치우는 일자리 없는 처지가 됩니다. 당시에는 신문이나 잡지에 원고를 써서 그 수입으로 살아가려면 일종의 직함이 필요했는데요. 그래서 박치우는 1940년부터 해방 때까지 경성제대 철학과에 적을 두고 대학원생 신분으로 글을 쓰며 살아갑니다.

그리고 일제 말기의 마지막 2년간 그는 북경(베이징) 등 중국의 여러 곳에서 지냈습니다. 그곳에서의 행적은 구체적으로 알려져 있지 않은데요. 저는 박치우가 당시 중국공산당의 수도였던 연안에 들어갈 가능성을 타진하지 않았을까 짐작해봅니다. 박치우는 박헌영이 이끌던 경성콤그룹에 가담했다가 옥고를 치렀던 김태준金台俊(1905~1950)과 가까웠는데, 김태준이 천신만고 끝에 연안에 들어갔거든요. 하지만 당시에 연안에 간다는 것은 언제 죽을지 모를 사선을 넘어야 하는 일이었습니다. 그래서 박치우는 끝내 연안에 가지 못한 게 아닐까, 상상해봅니다.

북경에서 해방을 맞은 박치우는 귀국한 뒤 매우 바빠집니다. 박헌영과 뜻을 같이하며 그와 혼연일체가 되어 움직이지요. 아마도 박치우는 일제강점기에 벽돌 공장에서 노동자로 일하면서 끝까지 타협하지 않았던 박헌영을 꽤나 존경하지 않았을까 싶습니다. 또한 박헌영의 입장에서도 박치우 같은 인재가 필요했을 거예요. 유럽의 언어를 능숙하게 구사하면서 복잡한 이념을 쉽게 풀어 글로 쓸 수 있는 명석한 인물이었으니까요.

하지만 해방 이후의 혼란기에 조선에서 좌파로 살아간다는 것은 만만치 않은 일이었습니다. 김구金九(1876~1949) 등을 대표로 하는 우파 진영에서는 줄곧 테러를 교사했기에 좌파들은 죽음의 공포를 안고 살아가야만 했습니다. 극우파 청년들이 좌파 인사들을 협박하고 폭력을 행사하는 일이 비일비재했지요. 이런 정국에서 여운형은 열두 번이나 테러를 당한 뒤 결국 암살되고 말았고요. 1946년에 좌파 계열의 대표적인 일간지인 《현대일보》의 발행인이자 주필로 활동하던 박치우는 결국 그다음 해에 월북을 선택합니다.

새로운 국가 건설로 분주한 북한에서 박치우가 어떻게 지냈는지를 기록으로 남긴 분이 있습니다. 카자흐스탄에 살던 고려인으로 김일성종합대학 창설을 위해 파북된 철학자 박일朴日(1911~2001)이지요. 그는 레닌그라드사범대학에서 마르크스레닌주의를 배웠고, 해방 이후 북한에서 김일성종합대학 부총장으로 재직하면서 김일성의 개인 철학 교사로도 일했으며, 카자흐스탄으로 돌아가 카자흐스탄 한국학을 개척한 인물인데요. 그의 회고록에 박치우에 대한 이야기가 등장합니다.

박일이 본 박치우는 상당히 독특한 인물이었습니다. 독일어로 마르크스 원전을 읽은 박치우가 러시아어로 된 마르크스 번역본을 읽은 자신보다 훨씬 마르크스를 잘 이해했다고 평하지요. 또한 박일이 개인적으로 부탁해서 박치우에게 한문을 배웠다고 하고요. 사석에서 박치우가 김일성에 대한 험담을 했다는 이야기가 회

1948년 4월, 평양의 남북연석회의장 정원에서 이야기를 나누는 김일성(왼쪽)과 박헌영(오른쪽). 박치우는 해방 이후 줄곧 남로당계의 박헌영과 뜻을 같이했다.

고록에 남아 있기도 합니다.

북한으로 넘어간 박치우는 빨치산 양성 기관인 강동정치학원에서 정치부원장을 지냅니다. 거기에서 훈련을 받고 남한으로 간 빨치산들은 살아 돌아오는 경우가 거의 없었습니다. 미군의 무기로 무장한 남한의 토벌대들은 빨치산들을 쉽게 도살할 수 있었지요. 박치우는 사지로 가는 사람들을 훈련시켰던 건데, 그것은 자신에게도 엄청난 고문이었을 겁니다. 그러다가 결국 본인도 제자들과 함께 사지로 뛰어들지요.

1949년 9월 6일 박치우는 남조선 민청 위원장이었던 이호제 李昊濟(?~1950)가 지휘하는 강동정치학원 출신 제1병단 5개 중대 360명과 함께 인민유격대로 태백산 지구에 남하합니다. 하지만

조선 사회주의자 열전

이호재의 부대는 궤멸하고, 그는 머리를 잘라 매다는 효수형에 처해지지요. 이때 가까스로 살아남은 박치우는 제주 4·3항쟁을 이끌었던 김달삼金達三(1923~1950)의 부대가 태백산 지구로 오자 여기에 합류합니다. 하지만 교전을 벌이다가 1949년 11월경에 토벌대에게 사살되어 세상을 떠납니다.

빨치산으로 전투에 참여했다가 세상을 떠난 박치우는 남한에서 철저히 금기시되었고, 1988년까지는 언급이 불가능했던 인물입니다. 박헌영과 행동을 같이했기에 북한에서도 거론되지 않았고요. 어찌 보면 그게 다행이었을지 모릅니다. 자칫 입에 오르내렸다가는 박헌영처럼 간첩으로 몰렸을 테니까요. 마흔에 저세상으로 떠났으니 그야말로 짧은 비극으로 생을 마감한 인물입니다.

식민지 시기의 마르크스주의자, 인간과 존재와 자유를 탐구하다

인간적으로 볼 때 빨치산으로 생을 마감한 박치우의 비장한 인생이 꽤나 눈길을 끌지만, 일제강점기의 지성사에서도 그는 상당히 주목할 만한 인물이었습니다. 박치우가 경성제대 졸업논문에서 존재론의 철학자 니콜라이 하르트만을 다룬 데서 짐작할 수 있듯이, 학자로 첫걸음을 내디디면서 그는 인간, 존재, 자유 등에 관심을 두었습니다.

이후 「현대 철학과 '인간' 문제」(《조선일보》, 1935년 9월 3~11일)에서 박치우는 '개인'에 대한 철학적 탐구를 시도합니다. 이 글에서 그는 추상적 의미의 인간이 존재하지 않는다는 점을 부단히 강조합니다. 인간은 사회적·역사적 맥락 바깥에 있을 수 없다고 본 겁니다.

당시에 이돈화李敦化(1884~1950)나 김기진金基鎭(1903~1985) 같은 천도교 계열의 리버럴한 사상가들은 개성, 개인, 자아 같은 말을 즐겨 썼습니다. 이런 개념을 통해서 개인과 집단 사이의 조화를 끌어내려 했던 건데요. 박치우는 이를 표피적이고 깊이 없는 통속적 리버럴리즘이라고 봤습니다. 시공의 제약 없이 순수한 자아에 탐닉하는 것이 아니라 그 자아의 사회적·역사적 '위치'를 깨닫고 '정황'에 눈뜨는 것이 참된 자아, 참된 개인이라고 말하지요. 이돈화는 르네상스 시대의 개인에 대한 발견을 천도교의 이념인 인내천人乃天과 곧바로 결부시키곤 했는데요. 박치우는 이것이 안이한 시각이라고 비판하면서 르네상스 시대에 발견된 개인이란 순수한 개인이 아니라 부르주아적인 시민사회의 개인이라고 논박합니다. 이는 매우 정확한 지적이지요.

근대적 개인주의를 주창한 원조라 할 수 있는 17세기 영국의 자유주의 철학자 존 로크John Locke(1632~1704)는 재산 사유제의 수용, 그리고 사유재산의 유무 여부에 따라 개인이 될 수 있는 사람과 개인이 될 수 없는 사람을 철저히 구분합니다. 즉 재산이 있고

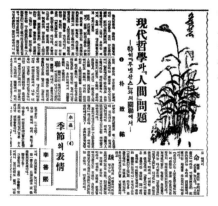

박치우가 1935년 9월 《조선일보》에 발표한 「현대 철학과 '인간' 문제」. 인간이라는 존재가 추상적인 것이 아니라 사회적·역사적 맥락 속에 있다는 요지의 글이었다.

그 재산 사유에 대한 개념이 있는 특정한 사람만을 개인으로 본 겁니다. 그렇게 본다면 아이, 원주민, 흑인, 빈민 등은 개인이 될 수 없지요. 그래서 현재의 사학계에서는 이 시기에 발견된 개인을 부르주아 사회 구성원으로서의 개인으로 보고 있는데요. 조선에서 이런 현대적 관점을 최초로 보여준 것이 박치우일 겁니다. 조선 지성사에 대한 그의 기여가 이렇게 시작된 것이지요.

이어서 박치우는 「불안의 철학자 하이데거」(《조선일보》, 1935년 11월 3~12일)라는 글을 발표합니다. 신남철도 비판해 마지않은, 1930년대에 세계 지성계를 휩쓸었던 마르틴 하이데거에 대한 비판이었지요. 박치우는 하이데거가 존재의 핵심을 공포, 불안, 죽음으로 보고 있으며, 결국 그가 말하는 세계내존재In-der-Welt-sein란 늘 불안에서 벗어나지 못한 채 결국 죽음에 이르는 존재라고 말합니다. 이처럼 절망적 인간관을 바탕으로 하는 하이데거의 철학은 불안을 극복했다기보다는 그것을 표현한 것일 뿐이라고 비판하지요. 하이데거가 말하는 불안은 인간의 태생적인 것인데, 인간이 태생적으로 이러저러하다는 어법 자체가 박치우에게는 관념적으로 보였을 겁니다. 고전적 자유주의의 몰락, 자본주의 체제가 야기한 세계 대공황, 거기에서 비롯된 파시즘의 대두 등 구체적인 역사적 상황 가운데서 인간이 불안해진다는 게 박치우의 관점이었지요. 이렇게 본다면 하이데거는 결국 불안을 가중시키는 구체적인 조건과 현실을 은폐했을 뿐이고요.

박치우는 역사적·사회적 맥락 없이 추상적 인간을 상정한 것이 하이데거의 가장 큰 오류였다고 지적합니다. 제1차 세계대전 이후 불안의 철학을 주창한 보수적인 실존주의 철학자 레프 셰스토프Lev Shestov(1866~1938)와 마찬가지로 하이데거는 현실성과 역사성이 부족한 관념론자이자 유심론자에 불과하며, 무엇보다도 변증법이 존재하지 않는 철학을 전개했다고 본 건데요. 이러한 박치우의 진단은 하이데거 철학의 역사적 위치에 대한 정확한 파악이면서 동시에 그의 철학에 대한 수준 높은 문제 제기일 겁니다.

박치우와 신남철의 하이데거 비판을 비교해보는 것도 흥미로운데요. 이들의 비판 방향은 대략 유사했지만, 이들이 구사하는 문체는 상당히 달랐습니다. 신남철이 일본 철학 특유의 난해하고 현학적인 언어를 즐겨 쓴 데 반해 박치우는 명쾌하면서 가독성 높은 언어를 구사했어요. 목사로 일하면서 일상적으로 설교를 했던 아버지의 영향을 받아서 그런지 박치우는 사람들이 쉽게 알아들을 수 있는 언어로 글을 썼습니다.

한편 하이데거 비판에 뒤이어 박치우는 「시민적 자유주의」(《조선일보》, 1936년 1월 1~5일)에서 '자유'에 대한 개념사적 시각을 선보입니다. 여기에서 박치우는 자유를 역사적인 개념으로 규정합니다. 한 사회의 형태, 그리고 그 사회가 표방하는 가치에 따라 각각의 사회가 규정하는 자유가 달랐다는 건데요.

예컨대 고대 그리스에서는 특정 폴리스(도시국가)의 일부 구성원만 자유민이었습니다. 전투에 참여했다가 포로로 잡혀서 노예가 된 타 종족의 구성원은 자유민이 될 수 없었지요. 폴리스의 구성원이더라도 어린이, 여성, 노예는 자유민이 아니었고요. 그런데 폴리스의 자유민들은 전쟁이 일어나면 모두 민병대에 소속되어 전투에 참여해야 했습니다. 이걸 '부자유'라고 보지 않았어요. 왜냐하면 전쟁에 패해서 폴리스가 망하면 모두 노예가 되었기 때문입니다. 고대 그리스인에게 전쟁 참여는 국가 폭력이나 자유 제한이 아니라 자유 그 자체였습니다.

이와 관련한 우리 사례도 하나 들어볼게요. 보통 남한에서는 북한에 자유가 없다고들 합니다. 1950년대 이후로 '자유 대한'이라는 말이 자주 쓰였는데, 이 말의 이면에는 북한이 자유롭지 않다는 뜻이 내포되어 있지요. 그런데 북한은 이런 말에 아주 쉽게 반박할 수 있었습니다. 미군이 주둔하고 있는 남한이 과연 자유로운 나라인지 물어보면 되니까요. 즉 북한은 외국군으로부터의 자유를 일차적으로 중시했는데, 이게 틀린 말은 아니지요. 외세의 간섭에서 벗어나는 게 근대 주권국가의 기본 조건이니까요. 그에 반해 남한은 돈을 벌고 그 돈을 은행에 예치할 수 있는 자유를 훨씬 중시합니다. 즉 사회마다 확정하고 긍정하는 자유가 다른 것이지요. 이런 사례를 보더라도 자유란 절대적이고 추상화된 개념이 아니라 구체적인 역사적 맥락 가운데서 설명할 수 있는 개념이지요.

그런데 박치우는 자유에 대해 논하면서 고대 그리스 사회가 운명을 믿었던 점에 주목합니다. 그리스 시대의 신들은 전지전능하지 않았고, 이들을 좌지우지했던 것은 바로 운명입니다. 운명은 그야말로 최고의 신이었습니다. 박치우는 이처럼 운명이 지배하는 사회에서 근대적 자유의 관념은 있을 수 없다고 말합니다. 과학과 생산력이 발전해 운명이라는 개념이 해체되고 그 자리에 인과율이 들어서면서 비로소 근대적 자유가 가능해졌다고 본 것이지요.

그렇다고 해서 박치우가 근대적 자유를 긍정하기만 한 것은 아닙니다. 그는 그렇게 태동한 유럽의 자유가 모든 이들에게 통용되지는 않았다고 말합니다. 이는 돈을 벌 수 있고 그 돈을 봉건 영주에게 빼앗기지 않으면서 쓸 수 있는 부르주아의 자유였다는 거예요. 달리 말하면 돈 없는 프롤레타리아에게는 자유가 없었던 겁니다. 그러했기에 박치우는 부르주아의 자유가 프롤레타리아의 부

조선 사회주의자 열전

일제강점기에 앙드레 지드는 조선 지식인들의 사랑을 받는 존재였다. 하지만 박치우는 그가 파시즘을 몰고 온 자본주의에 대한 저항에까지 나아가지 못한 데 대해 비판의 칼날을 세웠다.

자유와 함께 발전했다고 말합니다. 또한 유럽의 약탈 대상이었던 나머지 세계의 노예화와 함께 진행되었고요. 이때도 박치우는 구체적인 역사적 맥락 가운데서 자유라는 개념을 해명합니다.

철저한 마르크스주의자였던 그는 부르주아의 자유 경쟁이 궁극적으로 이윤율을 떨어뜨리고 경제 위기를 불러온다고 보았습니다. 그럼에도 부르주아들은 이윤을 포기할 수 없으니 자신들의 용병인 자유를 포기하면서 통제 경제를 택하게 되고, 그러다 보니 결국 파시즘이 흥성하고 자유주의가 몰락한다고 분석하지요. 지금까지도 자본이 극우 정권을 지지하는 경우가 흔한 걸 보면, 이런 분석은 꽤나 일리 있지요.

파시즘의 위협을 실감한 박치우는 그 가운데서 어떻게든 자유를 지켜보려 했던 유럽의 지식인들도 세심하게 관찰합니다. 가령 조선의 지식인들에게 사랑받았던 프랑스의 시인 앙드레 지드Andre Gide(1869~1951) 같은 이들이 박치우의 눈에는 거슬렸습니다. 자본주의에 대한 칼날을 세우지 않은 채 파시즘만 비판하고 자유를 부르짖는 게 그에게는 부질없어 보였던 겁니다.

회고주의와 선양주의에 빠진 민족주의적 문화론에 반기를 들다

숭의실업전문학교에서 학생들을 가르치던 시절, 박치우는 교수 직을 버리고 저널리스트가 되어야 했던 자신의 이후 행보를 예견 이라도 한 듯 「아카데미 철학을 나오며」(《조광》, 1936년 1월)라는 글을 발표합니다. 이전에 그가 탐구했던 인간과 자유는 모두 맥락 속에서 파악할 수 있는 것이었습니다. 그렇다면 철학 역시 마찬가지겠지요. 이 글에서 박치우는 '오늘'이라는 시간, '이 땅'이라는 공간, '우리'라는 주체가 있어야 철학이 가능하다고 말합니다. 시공간과 주체를 뺀 철학은 불가능하다는 것이지요.

이 글에서 박치우는 철학과 사상을 구분해 설명합니다. 그는 사상가란 "현실 강박의 해결을 위하여 우리를 향해 부르짖고 있는 소리를 심장을 통해 힘 있게 들을 수 있는 인간"이라고 말합니다. 철학은 곧 로고스이며 파토스가 없거나 약할 수 있는데, 사상은 로고스와 파토스가 합치된 것이라고 봐요. 이런 관점에서 본다면 박치우는 철학가이면서도 사상가였지요.

숭의실업전문학교가 폐교하면서 아카데미와 결별하게 된 박치우는 1938년부터 《조선일보》 기자로 살아가는데요. 이 시기에 마르크스주의자들이 펴낸 잡지 《비판》에 「예지銳智로서의 지성」(1938년 11월)이라는 상당히 흥미로운 글을 한 편 발표합니다.

박치우는 지성이란 곧 '예지'라고 보았는데, 이는 단순히 배워서 만들어진 앎이라기보다는 어떤 행동을 하게끔 하는 양심이 개입된 앎입니다. 과학적 지식과는 다른, 동양 문화에서는 상당히 익숙한 개념이지요. 박치우는 예지가 없는 지식인은 사이비 지성인이라고 일갈합니다. 그만큼 실천과 뗄 수 없는 앎을 갈구했던 건데요. 또한 당시 학계의 꽉 막힌 분위기와 현실 타협에 일침을 놓고 싶었을 겁니다. 실제로 박치우는 실천과 무관한 교과서적인 앎을 팔아가면서 신분 상승을 노리는 많은 동료들이 눈에 거슬렸을 거예요. 그러면서 유교의 인성론人性論 혹은 기독교의 선지자론에 가까운 지성론을 펼친 것일 테고요.

박치우나 신남철은 한학에 익숙한 분위기에서 성장했고, 당시에 '예지'나 '지행합일'은 지식인들의 상식에 가까운 개념이었습니다. 이들은 자신의 이론을 펴면서 동양적인 개념을 빌려 썼지만, 체계적으로 동양 철학을 공부한 뒤 이를 마르크스주의와 접목한 것은 아니었어요. 일제강점기에 경성제대 철학과의 학제는 '철

대학을 졸업한 뒤 철학연구회 활동을 하다가 숭의실업전문
학교에서 학생들을 가르치던 박치우는 1938년을 기점으로
《조선일보》저널리스트로 활약하기 시작한다.

학'과 '지나^{支那}(중국) 철학' 전공이 분리되어 있었습니다. 철학 전
공에서는 서양 철학을, 지나 철학 전공에서는 동양 철학을 가르쳤
고, 박치우와 신남철이 대학에서 전공한 것은 순수한 서양 철학이
었지요.

그런데 이러한 경성제대의 학제는 남한으로까지 이어집니다.
아카데미에서 동양 철학과 서양 철학이 계속 분리된 채 논의되었
기에 동서양 철학의 접점을 찾는 작업은 거의 시도되지 않았어요.
설령 있더라도 그것은 제도권 밖에서나 가능했지요. 그런 논문
을 써도 실어줄 학술지가 없었으니까요. 동양의 유교와 독일의 관
념론을 접목했던 일본의 니시다 기타로^{西田幾多郎}(1870~1945), 사
회주의화 과정에서 민족 철학이라고 간주된 유교의 문제를 함께
고민했던 중국의 궈모뤄^{郭沫若}(1892~1978)와 펑유란^{馮友蘭}(1895~
1990) 같은 인물을 한국에서는 찾아보기 힘듭니다. 체계적이지는

조선 사회주의자 열전

않았지만 박치우와 신남철의 시도가 이후 다른 제도권 학자들에 의해서라도 진척되었다면 어땠을까 하는 아쉬움이 남지요.

그다음으로 살펴볼 박치우의 글은 조선학과 민족주의에 대한 그의 입장을 엿볼 수 있는 「'조선학' 문제에의 비판적 개입」(《조선일보》, 1937년 1월 1~4일)입니다. 1930년대에는 국학의 유행과 함께 자본과 지식이 있는 조선인들 사이에서 옛 서화와 유물을 모으고 전시하는 일이 유행처럼 번졌어요. 이를 민족의 자부심을 되살리는 실천으로 여겼고요. 그런데 박치우는 이를 고급스러운 현실 도피라고 봤습니다. 민족주의적 문화론은 회고주의에 젖어 있다고 비판하면서 "잃어버린 시간에 대한 미련으로서의 골동품 취미"라고 표현하지요.

그가 회고주의보다 더 강하게 비판한 것은 선양주의宣揚主義였습니다. 우리 민족의 우수성을 만국에 알리겠다는 선양주의는, 박치우가 보기에 현실 도피 같은 소극적 차원을 넘어서 적극적으로 위험한 일이었습니다. 왜냐하면 선양주의는 진실 여부에 아무런 관심도 없기 때문입니다. 우리 민족이 실제로 어떠했고 얼마나 우수했는지는 아무런 상관이 없고, 우리 민족에게 이로운지 해로운지 여부가 판단의 준거가 되기 때문입니다. 그렇게 해서 결국 특정 집단을 절대화하는 것이지요. 민족과 국가에 이롭지 않은, 하지만 사실을 드러내는 학설이 문제시되는 경우를 예로 들면서 박치우는 냉철하게 선양주의의 위험을 경고합니다.

전 세계를 휩쓸며 맹공을 퍼붓던
파시즘의 뿌리를 해명하다

마르크스주의 철학자로서 박치우가 조선의 지성사에 크게 기여한 것 중 하나는 이제부터 살펴볼 전체주의에 대한 해부입니다. 「전체주의의 이론적 기초」(《조광》, 1941년 4월)를 살펴보면, 박치우가 전체주의를 어떻게 바라보고 있는지 파악할 수 있는데요.

사실 전체주의의 사례는 매우 다양합니다. 예를 들어 독일의 전체주의는 민족을 기준으로 삼았습니다. 독일 국민인가, 아닌가는 중요하지 않았어요. 독일 국민이어도 종족적으로, 태생적으로 게르만족이 아니면 배척되었지요. '피'의 논리는 순수함을 강조하고 비합리적인 동족애를 끌어내면서 현실의 모순을 은폐했고요. 반면에 이탈리아의 전체주의는 독일과 달리 국민을 기준으로 삼았습니다. 그래서 독일과 이탈리아의 전체주의는 유대인에 대한 입장이 서로 어느 정도 달랐지요.

박치우는 이처럼 다양하게 표출되는 전체주의의 철학적 기반에 사회유기체론이 있다고 보았습니다. 사회유기체론은 인간의 신체에서 머리와 팔다리가 한 몸에서 움직이듯이 사회에서 지도자와 하부 구성원이 유기적 관계를 맺으며 한 몸처럼 움직인다는 이론이지요. 이때 인체의 팔다리에 해당하는 사회의 하부 구성원에게는 어떠한 자율성도 주어지지 않고요. 이런 이론에 변증법이나

제2차 세계대전 중 거리에 나선 유럽 파시즘의 두 지도사, 이탈리아의 무솔리니(왼쪽)와 독일의 히틀러(오른쪽). 무솔리니는 고대 로마에서 유래한 '파시즘 경례'를 하고 있다.

현실의 모순 같은 개념은 끼어들 여지가 없습니다.

박치우는 사회유기체론의 뿌리를 가톨릭 사회철학에서 찾습니다. 물론 모든 가톨릭 사회철학이 파시즘과 결부되는 것은 아닙니다. 가령 바이에른의 많은 가톨릭들은 파시즘에 매우 회의적인 사람들이었지요. 하지만 마르크스주의자들에게 맞섰던 보수적인 가톨릭 사회철학자들은 사회가 하나의 몸처럼 유기적으로 연결되어 있다는 개념을 철학화하는 것을 자신의 사명으로 삼았습니다. 오스트리아, 포르투갈, 스페인의 파시즘에서 이런 특징이 또렷하게 보이지요. 가톨릭의 보수적 유기체론이 어떻게 파쇼화되는지를 박치우는 예리하게 지적하는데, 지금의 유럽 사학자들에게도 이는 만만치 않은 작업일 겁니다. 1930~40년대에 전체주의가 발흥한 곳과는 멀리 떨어진 조선에서 누군가가 이런 작업을 했다는 게 기이하게 느껴지기도 합니다. 얼마나 책을 많이 들여다보고 생각을 많이 했을까 싶기도 하고요.

여기에서 더 나아가 박치우는 20세기 초반 가톨릭 사회철학의 기원을 중세 가톨릭의 실념론實念論, realism에서 찾습니다. 중세 가톨릭 신학은 크게 보면 유명론唯名論, nominalism과 실념론으로 나뉩니다. 유명론은 일반적인 관념은 그저 이름일 뿐이며 하나하나의 개별적 사물이 각각 실제로 존재한다고 본 데 반해 실념론은 사람들이 정해둔 일반적인 관념을 통해 사물의 실제를 인식할 수 있다고 보았습니다. 실념론은 전체를 해명한 뒤 각각의 개체로 나아가는 이론인데, 박치우는 이러한 접근법이 사회유기체론으로 진화한 뒤 파시즘으로 이어졌다는 계보를 그려내지요.

한편 그가 사회유기체론과 함께 전체주의의 철학적 기반으로 꼽은 또다른 것은 신헤겔주의와 인종주의였습니다. 현실을 합리화하는 철학으로 신헤겔주의가 활용되었고, 나치 이론의 선전가였던 알프레트 로젠베르크Alfred Rosenberg(1893~1946)의 인종론 또한 전체주의를 지탱하는 중요한 논리라고 봅니다. 그러고서 박치우는 로젠베르크의 인종론이 오스발트 슈펭글러Oswald Spengler(1880~1936)가 말하는 '민족혼' 개념의 영향을 받았다고 말합니다. 슈펭글러는 예나 지금이나 보수주의자들이 좋아하는 철학자이자 역사학자인데, 새뮤얼 헌팅턴Samuel Huntington(1927~

2008)의 문명 충돌론이 바로 그의 계보를 이은 이론이지요.

슈펭글러의 '민족혼' 개념을 거론하면서 박치우는 일본의 공식 철학이었던 '일본혼日本魂' 개념도 비판하고 싶었을 겁니다. 일본공산당의 교과서적인 마르크스주의자 도사카 준戶坂潤(1900~1945)은 일본혼에 대한 비판을 시도한 적이 있어요. 개인적 친분은 없었지만 이념적으로 박치우는 여기에서 꽤 영감을 받았을 겁니다. 하지만 조선에서는 검열 때문에 일본혼을 직접 거론할 수 없으니, 이렇게 에둘러 말할 수밖에 없었을 테고요. 큰 나무의 작은 나뭇가지들을 세밀하게 그려내듯이 전체주의의 기저가 되는 철학들의 지형도를 박치우가 그려낸 것은 꽤 독창적이면서도 의미 있는 작업이었습니다.

한편 「동아협동체론의 일성찰一省察」(《인문평론》, 1940년 7월)은 일제 말기에 박치우가 어떤 생각을 했는지 부분적으로 엿볼 수 있는 글입니다. 그는 태평양전쟁이 결국 동아시아를 하나의 공동체로 묶어낼 것이라고 진단하면서 이를 긍정적으로 말합니다. 요즘 기준으로 본다면 친일적인 글이지요. 하지만 박치우는 일제에 완전히 투항한 이들과는 완연히 다른 어법을 구사합니다. 그는 '성전聖戰'이나 '팔굉일우' 같은 개념으로 동아협동체를 설명하지 않아요. 그 대신 일본이 조선과 중국 등의 개체성을 존중하는 변증법적 전체주의를 지향해야 한다고 말합니다. 동아협동체 안에 조선 민족이 독자적으로 남아 있어야 한다는 것이지요.

당대의 억압적인 상황을 버티기 힘들었던 박치우는 내심 일본의 패망을 기대하면서 이렇게 부분적인 투항을 연출하는 글을 썼을지도 모르겠습니다. 가혹한 국가 체제 속에서 인텔리들이 어떻게 자신의 생각을 지키면서 그 명맥을 이어갈 수 있을지 고민해보게 되는 글이지요. 하지만 냉정하게 평가하면 이 글에서는 박치우가 현실과 타협했음을 엿볼 수 있고, 해방 이후 그가 맹렬하게 정치 활동에 뛰어든 것은 이에 대한 참회와 속죄의 마음에서 비롯된 게 아니었을까 싶기도 합니다.

해방 이후의 어수선한 정국에서
진보적 민주주의 국가 건설을 향하여

해방이 되자 박치우에게는 활약할 수 있는 넓은 무대가 펼쳐집니다. 그에 걸맞게 화법도 훨씬 직설적으로 바뀌지요. 하지만 그는 자신이 공산주의자임을 내세우지 않습니다. 이는 당시 조선공산당의 노선 때문이었어요.

1945년 8월에 박헌영은 그 유명한 8월 테제를 발표합니다. 조선공산당의 재건을 준비하면서 정치 노선을 정리한 것으로, 조선에서 현 단계의 혁명은 부르주아 민주주의 혁명임을 명시하고 일단 민주주의 국가를 건설한 뒤 사회주의로 나아가자는 것이었습니다. 그래서 좌파들은 민족 내부의 갈등을 최대한 피하면서 통일전선을 통해 개혁을 해보려고 하지요. 박헌영과 뜻을 같이하며 남로당의 이념가가 된 박치우는 이 시기에 진보적이고 민주주의적인 민족문화를 이야기합니다. 「민족문화 건설과 세계관」(《신천지》, 1946년 6월)에 그런 그의 입장이 담겨 있지요.

박치우는 새로운 민족문화를 건설하기 위해서는 봉건 잔재를 박멸하고 자본 독재와 투쟁해야 한다고 말합니다. 그러면서 역사적 합법칙성을 알아야만 미래를 예견할 수 있다고 하지요. 그 당시 좌파의 생각을 엿볼 수 있는, 8월 테제에 부합하는 주장인데요. 조선에서의 사회주의 혁명은 머나먼 일일 테니, 우선 봉건 잔재를 청산함으로써 과거와 결별하고 궁극적인 사회주의로의 발전을 용인할 수 있는 민주주의 국가를 만들어야 한다는 생각이었던 겁니다.

그렇다면 박치우가 주장한 민족문화론은 일제강점기의 조선학과 어떤 차이가 있었을까요. 아주 간단합니다. 그는 민족문화론이 과학적이고 보편적이어야 한다고 말합니다. 즉 근대성을 갖춘 것이어야 했지요. 가령 석굴암의 불상을 보고서 개인이 느끼는 감동을 말하는 식의 감성적 접근은 지양해야 할 것이었습니다. 그보다는 왜 우리 민족이 그 시대에 그러한 작품을 만들게 되었는가라는 맥락적 이해를 통해 민주주의적 민족문화의 토대를 만들고 싶어 했지요.

1930년대에 박치우는 조선학을 논하면서 민족 개념 자체가 아

1945년 9월 9일, 미군정이 시작되면서 서울 중앙청 건물 앞에 성조기가 걸리고 있다. 일본이 물러간 자리에 새로운 이념적 갈등의 씨앗이 뿌려지는 순간이었다.

닌 민족주의를 비판했습니다. 민족이라는 집단적 소속이 어떻게 만들어지고 어떤 한계를 갖는지에 주목한 것인데요. 해방 이후에 그는 진보적 민주주의 이론가로 거듭납니다. 이것은 곧 남로당의 이론이었지요. 그런데 박치우가 상정한 진보적 민주주의 국가 구성원의 최대 공통분모는 민족이었습니다. 즉 그가 지향하는 국가는 민족국가이며, 그 틀 안에서 계급의식이 발전되어야 한다고 보았던 겁니다. 민족을 토대로 삼되 민족주의를 넘어선 민주주의 국가를 지향했던 것이지요.

그렇지만 그에게는 더 이상 이론을 전개할 수 있는 시간이 주어지지 않았습니다. 곧이어 분단이 강요되자, 진보적 민주주의 국가 건설마저 머나먼 꿈같은 일이 되어버리지요. 해방 직후에 박치우

조선 사회주의자 열전

는 분단이 닥쳐오리라는 점을 내다보지 못했을 겁니다. 사실 그때 그는 반미주의자도 아니었어요. 박헌영의 8월 테제에서도 미군은 해방군으로 묘사되었습니다. 하지만 얼마 지나지 않아 미군정의 탄압이 시작되고 남북 간의 갈등이 불거지지요.

미군정기에 발표된 「아메리카의 문화」(《신천지》, 1946년 9월)는 박치우가 미국을 비판의 대상이 아니라 분석의 대상으로 바라보면서 쓴 글입니다. 그는 미국 문화가 민족문화가 아니라는 점이 흥미로웠던 것 같습니다. 여러 민족이 자본주의가 제공한 시공간 속에 얽히고설킨 미국의 문화는 당연히 특정 민족과는 무관합니다. 이걸 보면 민족만이 문화를 창조하는 게 아니라는 걸 알 수 있지요. 문화를 만드는 것은 사회이며, 사회는 얼마든지 다민족으로 구성될 수 있는 겁니다.

박치우는 민족 정신이나 청교도 정신, 개척 정신 같은 게 미국 문화를 만든 것은 아니라고 말합니다. 그는 미국을 미 대륙의 자원을 활용한 대자본 국가로 이해해야 한다고 보면서, 소련과 비교합니다. 둘 다 다민족국가이지만, 소련은 러시아 문화를 계승한 나라인 데 반해 미국은 영국만을 계승한 게 아닌, 그보다 훨씬 복잡한 나라임을 거론하지요. 즉 미국은 소련보다 한 민족의 역할이 덜 두드러진 나라라는 건데요. 박치우는 소련이 봉건적 유산을 말끔하게 청산하기 어려웠기에 이런 탈脫민족화에 있어서는 미국을 따라갈 수 없다고 봅니다.

이제까지 살펴본 박치우의 사상을 정리해본다면, 우선 그는 변증법을 강조하면서 사회적·역사적 맥락을 부단히 살폈던 철학자입니다. 당대에 대두된 민족주의를 비판하면서 민족의 탈신비화를 주장하는 이론을 폈지요. 마르크스주의자로서 그는 합리적이고 비판적인 사고를 허용하지 않는 민족주의의 감성적 특성을 용납지 않았습니다.

한편 박치우는 돋보이는 개념사 정리를 전개한 철학자였습니다. '자유'의 역사를 기술한 글에서 그런 장점이 확연히 드러나는데요. 고대 그리스의 자유 개념에서 출발하여 부르주아의 자유주의를 거쳐 이를 넘어서는 새로운 자유와 개인까지 모색하는 걸 보면, 그의 사유가 과거를 아우르면서도 현재적이고 세부를 들여다보면서도 폭넓었음을 알 수 있습니다. 자유라는 개념이 어디에서 어떤 맥락으로 발전해왔는지를 이처럼 가독성 좋은 문체로 설명해낸 지식인은 현재에도 흔치 않아요. 1930~40년대의 조선에서는 더더욱 그러했고요. 이는 지금의 지식인들도 본받아야 할 지점이지요.

이와 함께 박치우는 파시즘의 뿌리를 탁월하게 분석해내면서 그 진가를 발휘했습니다. 그는 비판적인 분석의 천재였어요. 일본이 독일, 이탈리아와 함께 전 세계를 제패하기 위한 침략을 서슴지 않던 상황에서 파시즘의 뿌리를 해부했던 한 지식인의 노력은 지금 시점에서도 다시 음미해볼 필요가 있습니다.

일제강점기의 지성사를 조망할 때, 지금은 많이 잊힌 당대의 마르크스주의자들이 그 한 축에 있었다는 사실을 기억해야 합니다. 시야를 넓혀서, 그들이 세계 마르크스주의 철학에 어떤 창조적 기여를 했는지 그 좌표와 위상을 그려보는 작업도 함께 이뤄져야 하고요. 그런 측면에서 이제는 박치우 같은 이들을 아우르는, 일제 강점기의 새로운 지성사의 지도를 그려볼 때가 아닌가 싶습니다.

임화

한국적 근대의 근원을 모색한
유기적 지식인

비평가이자 문학가로서 임화는 한국적 근대의 패러다임을 만든 사람 중 하나입니다. 한국 근대문학사에서 이광수나 염상섭廉想涉 (1897~1963)과 비등한 반열에 드는 높은 봉우리일 텐데요. 이런 인물에 대해 간략히 정리해 얘기한다는 건 매우 무모한 일입니다. 임화의 전집은 아직 완간되지 않았지만, 모든 글들을 정리하면 열 권이 넘을 테고요. 그에 대해 논하려면 단행본 몇 권으로도 모자를 거예요. 그러니 여기에서는 임화가 한국의 근대 형성에 기여한 공로, 그중에서도 사회주의 문화 운동과 연관된 부분에 초점을 맞춰보려 합니다.

우선 임화의 어린 시절부터 살펴보겠습니다. 그는 1908년 낙산 밑 오두막집에서 태어나고 자란 경성 토박이로 중산층 출신입니다. 1921년 보성고등보통학교에 입학한 뒤 친하게 지낸 이들의 면모가 화려한데요. 사회주의 운동가로 북한에서 남로당 사건에 연루되어 사형당한 이강국李康國(1906~1955), 이후 임화의 논적이 되었던 문학평론가 이헌구李軒求(1905~1982), 시인이자 소설가로 유명했던 이상李箱(1910~1937) 등과 교유하지요. 이 시절 임화는 일본인 동네였던 혼마치本町(지금의 명동과 충무로 일대)를 돌아다니면서 일본어로 번역된 막심 고리키, 레프 톨스토이, 이반 투르게네프 등의 책을 한 권씩 사서 탐독했다고 합니다. 보성고등보통학교 4학년 때인 1924년에는《동아일보》문예란에 '성아星兒'라는 필명으로 여섯 편의 시를 투고하기도 했지요.

하지만 다음 해에 어머니가 돌아가시고, 아버지도 파산하고 맙니다. 이에 임화는 다니던 학교를 그만두고 1926년부터 본격적인 비평 활동을 시작합니다. 열아홉 나이에 주요 일간지에 글을 쓰기 시작해서 곧 조선의 신진 논객으로 주목받았으니, 당시에 인간의 성숙도가 빨랐다 치더라도 이른 시기에 재기 발랄한 천재성을 발휘했다고 봐야겠지요.

이런 출중함 때문에 그는 평생토록 많은 사람들의 시기와 질시를 받았습니다. 임화는 1953년에 북한에서 숙청되는데, 그 전부터 한설야韓雪野(1900~1976)를 비롯한 많은 평론가들이 그를 공격합니다. 그런데 그 내용을 보면, 개인적인 질투가 꽤 많이 녹아 있어요. 하도 다재다능해서 죽음을 맞기 전까지도 여러 사람들의 부러움을 샀던 것이지요.

사회 변혁과 운명을 같이하는
유기적 문예를 꿈꾸며

영화배우로 사람들 앞에 나서본 인물답게 임화는 사람들이 별반 관심 갖지 않는 것에 대해서도 흥미진진하게 이야기할 줄 아는 사람이었습니다. 글도 잘 썼지만, 담론을 생산해서 사람들을 몰고 가는 능력이 탁월했고요. 1926년 카프 활동을 시작하면서 이런 능력을 한껏 발휘하지요.

임화는 《조선일보》에 「분화와 전개」(1927년 5월 16~21일)라는 글을 발표하면서 아나키스트 작가인 김화산金華山(1905~1970)과 논쟁을 벌입니다. 이 글을 통해 아나키즘을 사회주의에서 완전히 분리해내고 카프에서 두각을 나타내기 시작해요. 임화는 아나키즘이 억압에 대해 즉각적이고 감상적인 반항에 머물러 있다고 말합니다. 사회주의는 체계적인 계급의식을 바탕으로 억압의 이유를 규명하고 이에 대응하는 조직을 만들면서 대안적 사회를 만들어가는 데 반해 아나키즘의 접근은 비과학적이고 나이브하다고 비판하는데요.

이에 더해 임화는 아나키즘의 귀족성에 대해서도 날을 세웁니다. 1920년대 후반부터 1930년대 초반에 활약하던 아나키스트 중에는 실제로 양반 지주 출신들이 많았습니다. 만주로 망명해서 독립운동을 펼쳤던 이회영李會榮(1867~1932), 항일 투사로 출발해 아나키스트가 된 김좌진金佐鎭(1889~1930) 모두 명문가 양반 출신이었지요.

이들은 체계적으로 미래 사회에 대한 대안을 제시하기보다는 감성에 호소하는 경향이 강했습니다. 또한 이 시기에 중국에 있던 조선의 아나키스트들은 우파 민족주의자들과 원칙 없이 제휴하는 경우가 많았어요. 1920년대에 독립운동 자금을 댔던 기업인이자 불교계 실력자인 옥관빈玉觀彬(1891~1933)은 김구 계열의 민족주의 활동가들과 사이가 좋지 않았는데, 일부 아나키스트들의 추동에 의해 '밀정'이라는 오명을 뒤집어쓰고 암살되었지요. 이런 사례를 본다면, 임화의 아나키스트 비판은 다른 세력에 대한 견제와 갈등이 표출된 것이라기보다는 충분한 근거와 일리가 있는 지적이었습니다.

연이어 임화가 카프에서 성취해낸 유명한 업적 중 하나는 카프의 볼셰비키화였습니다. 이때 발표한 명문이 「탁류濁流에 항抗하여」(《조선지광》 86호, 1929년 8월)이지요. 탁류, 즉 더러운 흐름이란 무산계급 전위의 눈이 되지 못한 문학을 가리키는데요. 이에 반해 임화가 요청했던 문학은 현실을 엄밀하게 파악하면서 사회 변혁과 운명을 같이할 수 있는 사회적 사실주의였습니다.

이러한 임화의 주장에 대해 '문학의 도구화'라는 비판은 당대에도 있었습니다. 임화의 이론적 스승이면서 1929년 그가 일본 유학을 가게 되는 데 결정적 도움을 주었던 박영희朴英熙(1901~?)는

중국의 복건성(푸젠성)에서 활동하던 중국과 조선의 아나키스트들. 1924년 조선무정부주의자연맹을 비롯한 단체들이 결성되면서 조선의 아나키스트들은 중국에서 활동을 벌여 나갔다.

1933년에 카프를 탈퇴한 뒤 전향하면서 "잃은 것은 예술이요, 얻은 것은 이데올로기다"라는 유명한 말을 남겼지요. 카프 시절에 대한 자기비판일 텐데요. 하지만 임화가 사회적 사실주의를 주장했던 시기는 세계 대공황의 징조가 보이던 때입니다. 앞서 얘기했듯이 코민테른의 경제학 브레인이었던 헝가리 출신의 소련 경제학자 예브게니 바르가는 1927년에 향후 세계 대공황이 도래할 것이라고 정확하게 예측했지요. 즉 호황이 곧 끝날 것이고 연이어 새로운 계급투쟁의 시기가 펼쳐질 거라고 본 겁니다.

조선의 많은 사회주의 활동가들도 식민지 조선에서 계급투쟁이 분출하고 혁명의 시기가 도래하리라고 봤습니다. 이 생각이 그리 틀리진 않았어요. 공황이 밀어닥치자마자 파업이 기하급수적으로 늘어났고, 소작인들도 쟁의에 대거 가담했으니까요. 그런 상황을 앞둔 시점에, 임화는 혁명적 상황에 걸맞은 문학의 행동을 주문했던 겁니다. 달리 말하면 이는 문학의 쓰임새에 초점을 맞춘 주장이라기보다는 당대의 정세를 꿰뚫어본 진단에서 비롯된 주장입니다. 1988년의 '납북·월북 문인 해금' 조치 이후 카프에 대해 논할 수 있게 되면서 '문학의 도구화'라며 그 한계부터 지적하는 식으로 카프를 혹평해온 흐름이 있는데, 이에 대해서는 당시 정세와 맞물려서 좀 달리 봐야 할 지점이 있는 것이지요.

임화는 「조선 프로예술운동의 당면의 중심적 임무」(《중외일보》, 1930년 6월 28일)에서 문학이 아지프로agitation propaganda, 즉 선동을 목적으로 하는 선전의 역할을 해야 한다고 주장합니다. 또한 연극, 영화, 음악, 미술 등의 전국 동맹을 결성해야 한다고 말하는데요. 이 글에 재미난 표현이 하나 등장합니다. '유기적 문예'라는 말인데요. 같은 시기에 이탈리아 파시스트들의 감옥에 갇힌 안토니오 그람시Antonio Gramsci(1891~1937)가 옥중에서 '유기적 지식인'이라는 말을 하지요. 임화의 '유기적 문예'나 그람시의 '유기적 지식인'은 크게 보면 같은 이야기일 겁니다. 밑으로부터 분출하는 투쟁 가운데서 어떻게 지식인이 자기 자리를 확보할 수 있고, 어떻게 예술이 예술로 남으면서 투쟁할 수 있는가. 임화와 그람시가 같은 선상에서 그런 고민을 했다고 볼 수 있지요.

당대에 임화와 그람시만 이런 고민을 한 게 아닙니다. 세계 혁명이 일어날 뻔한 1919년부터 1930년대 중반까지의 시기는 전 세계적으로 좌파 문예운동의 황금기였습니다. 당시에 독일은 히틀러가 집권하기 전인 바이마르공화국 시절이었고, 오스트리아도 파시스트 정당인 '조국 전선'이 출현하긴 했지만 아직 이들이 정권을 잡기 전이었고, 소련도 스탈린주의가 공고화되기 이전이었는데요.

당시에 일본과 조선 좌파의 벤치마킹 대상이 바로 독일 좌파였습니다. 이들은 당대의 새로운 매체인 영화에 큰 관심을 보였지요. 임화 역시 영화에 지대한 관심을 가지고 있었고, 주연으로 영화에 출연하기도 했고요. 이때 베르톨트 브레히트Bertolt Brecht (1898~1956)는 동료들과 함께 〈쿨레 밤페, 혹은 세상은 누구의 것인가Kuhle Wampe, oder: Wem gehört die Welt〉(1932) 같은 영화를 만들지요. 쿨레 밤페라는 지역의 한 실업자가 자살하기까지의 과정을 그린 작품으로, 대공황기에 독일 노동자들의 고통을 그리면서 그 고통의 이유, 과정, 해결법 등을 예술로 보여준 좌파 문예의 절정 중 하나입니다.

임화가 유기적 문예를 주장하면서 염두에 두었던 것이 바로 이런 부류의 예술이 아니었을까 싶어요. 민주화 운동 시절의 한국에서는 〈파업전야〉(1990)와 같은 좌파 영화가 잠시 만들어지는 흐름이 있다가 쇠퇴했고, 일부 상업 영화에서 이런 내용이 가끔 소재

〈쿨레 밤폐, 혹은 세상은 누구의 것인가〉는 파시즘이 발흥하기 시작한 바이마르공화국 말기에 좌파 예술가들이 만들어낸 전설적인 영화다. 제작이 끝나자마자 상영 금지 처분을 받았지만, 영화는 그 후에 일부 장면이 삭제된 채 히틀러 집권 이전까지 상영되곤 했다.

로 이용되고 있는데요. 영국에서는 켄 로치Ken Loach(1936~) 감독의 작품이 그런 유기적 예술의 명맥을 현재까지 이어가고 있지요. 임화가 생각했던 예술의 방식이 지금도 어디에선가 살아남아 자기 역할을 하고 있는 겁니다.

임화는 이론가로서 이런 주장을 펼 뿐만 아니라 직접 유기적 문예를 시도합니다. 〈네거리의 순이〉(1929)나 〈우리 오빠와 화로〉(1929) 같은 시들은 현재 국내 국문학 교과서에도 수록되어 있는데요. 〈네거리의 순이〉에는 당시에 함께 사회운동을 하면서 연애를 하던 투사鬪士 남녀의 감정이 애틋하고 절절한 언어로 표현되어 있습니다.

겨울날 찬 눈보라가 유리창에 우는 아픈 그 시절,

기계 소리에 말려 흩어지는 우리들의 참새 너희들의 콧노래와

언 눈길을 걷는 발자국 소리와 더불어 가슴속으로 스며드는

청년과 너의 따뜻한 귓속 다정한 웃음으로

우리들의 청춘은 참말로 꽃다웠고,

언 밥이 주림보다도 쓰리게

가난한 청춘을 울리는 날,

어머니가 되어 우리를 따뜻한 품속에 안아주던 것은

오직 하나 거리에서 만나 거리에서 헤어지며,

골목 뒤에서 중얼대고 일터에서 충성되던

꺼질 줄 모르는 청춘의 정열 그것이었다.

비할 데 없는 괴로움 가운데서도

얼마나 큰 즐거움이 우리의 머리 위에 빛났더냐?

-〈네거리의 순이〉 일부

당시에는 실제로 이렇게 살아간 이들이 적지 않았습니다. 이재유, 이관술李觀述(1902~1950), 이순금李順今(1912~?), 이효정李孝貞(1913~2010), 박진홍朴鎭洪(1914~?), 김삼룡金三龍(?~1950), 이현상李鉉相(1906~1953) 등이 그러했지요. 이관술이 동덕여자고등보통학교에서 교편을 잡았을 때 이순금, 이효정, 박진홍이 그의 제자들이었는데요. 이순금은 이관술의 이복동생이기도 했고요. 이

들은 학교에서 사회주의 독서회를 만들면서 운동가의 길로 들어섰는데, 1930년대 초중반에 이재유와 함께 경성에서 지하 활동을 벌이고 1939년부터는 김삼룡, 이현상 등과 함께 경성콤그룹을 이끌어 나갑니다. 수배, 체포, 고문실에서의 폭력적인 수사, 옥고, 만기 출옥, 새로운 수배자 신분으로서의 지하 생활이 반복되는 삶이었어요. 이들의 영화 같은, 그러나 무섭게 고생스러운 삶에서는 "거리에서 만나 거리에서 헤어지며, 골목 뒤에서 중얼대"는 것이 일상이었습니다. 그들뿐이겠습니까? 당대의 많은 운동가들이 거리에서 만나서 거리에서 헤어졌고, 큰 목소리로 말하지 못한 채 사랑으로 고통을 이겨내는 삶을 살았는데, 이를 임화가 너무나 잘 표현해낸 겁니다.

〈우리 오빠와 화로〉는 그 당시나 지금이나 조선 문화의 핵심적 코드 중 하나인 '가족'을 '혁명'과 일체화해서 표현합니다. 일터에서 쫓겨난 뒤 감옥에 간 노동자 가족의 현실을 그려냈는데, 투쟁에 나선 삼남매의 정서를 자연스럽게 전달하면서 그 상징성을 부각시키고 있어요. 전혀 도식적이지 않게 표현했지요. 이런 게 바로 유기적 문예의 전형일 겁니다.

하지만 여기에 하나의 단서를 달아야 합니다. 젠더적 측면에서 볼 때 이들 두 시는 전형적으로 가부장적이에요. 젠더적 역할 분담이 뚜렷하지요. 〈우리 오빠와 화로〉를 살펴보면, 위대하고 용감한 오빠가 있고 그를 보좌하는 여동생이 있습니다. 주인공으로서

《동아일보》 1931년 5월 31일자에 게재된 여성운동가 강주룡의 모습. 평양의 평원고무공장에 다니던 그녀는 노동 착취의 현실을 알리기 위해 올밀대 지붕 위에 올라가 밤을 지새웠다.

의 남성 투사가 있고, 이 투사를 걱정하고 챙겨주고 옥바라지하는 보조역의 여성이 있는 건데요. 당시의 계급 투사들이 가진 젠더적 상상력의 한계가 이렇게 드러난 것이지요.

역사적 맥락화를 통해
당대 주류의 신화를 깨부수다

당시의 프롤레타리아 문예운동가들에게는 세상을 바라보는 시각이 객관적이지 않고 편협하다는 비난이 따라붙곤 했는데요. 임화는 「진실과 당파성」(《동아일보》, 1933년 10월 13일)이라는 글에서 객관성이라는 것 자체가 신화이며 그런 건 존재하지 않는다고 반박합니다. 진실이란 상대적인 것으로, 관찰과 체험의 주체가 누구냐에 따라 그 진실도 달라진다는 겁니다. 그렇게 본다면 주류의 객관성은 주류의 입장에서 세계를 바라보는 사람들의 시각이자 그들의 주관일 뿐이겠지요. 부르주아 작가 대부분은 자신의 관점이 태생적으로 당파적이라는 것을 이해하지 못하거나 은폐하고 있는 것이고요. 또한 계급 문학은 당대의 자본주의 세계에 비판적 렌즈를 제공함으로써 억압당하는 이들의 진실을 표현한 것이지요. 이때 계급 문학이 갖게 되는 당파성은 진실과 모순되거나 도식적인 것이 아니며, 당파적인 비판 문학이야말로 삶의 진실에 가장 가까이 다가가는 것이라고 임화는 말합니다.

임화가 이런 글을 발표한 지 90여 년이 지났지만, 세상이 그리 바뀐 것 같진 않습니다. 지금도 주류 세력들은 여전히 비주류의 목소리를 죽이면서 이들의 시각에 객관성이 없다는 비판을 하니까요. 그렇게 본다면 임화의 한계는 인정하되, 이처럼 주류의 신화를 깨부수는 임화의 도전은 우리가 좀 배워야 하지 않을까요.

한편 주류 세력들이 객관성이라는 말만큼이나 좋아하는 단어가 바로 '자유'일 겁니다. 1950년대부터 회자된 '자유 대한'이라는 말도 그렇거니와 '자유 민주주의'라는 말도 주류 세력들이 자주 써왔지요. 이 역사는 꽤나 뿌리 깊은데, 임화는 「소위 '해외문학파'의 정체와 임무」(《조선지광》, 1932년 1월)에서 '자유'라는 근대의 신화에 대해 일침을 가합니다. 임화가 해외문학파로 활동했던 문학평론가이자 그의 고등학교 선배였던 이헌구와 논쟁하며 쓴 글이지요. 이헌구는 차후에 남한에서 신문사 대표, 대학 교수, 학술원 회원을 지내는데, 그렇게 본다면 차후 그야말로 주류 중의 주류가 될 사람과의 논쟁이었습니다.

세상사를 둘러보면, 아무리 '자유 시장', '자유 경쟁'이라 해도 상당수의 결과는 정해져 있습니다. 가령 휴대폰 시장에서 아무리 자유 경쟁을 한들, 삼성과 엘지에 경쟁할 만한 국내 업체가 몇 개나 있겠습니까. 이미 독점화된 시장에 '자유'라는 말을 갖다 붙인다 한들 그것은 기만일 뿐이지요. 이뿐이겠습니까. 아무리 '선거의 자유', '투표의 자유'를 외친다 해도, 미국 대선 같으면 민주당과 공화당이라는 두 개의 주류 정당을 제외하고 다른 정당이 이길 가능성이 거의 없다는 것은 누구나 알고 있지요. 임화는 계급이 갈려 있는 세계에서 보편적 자유란 권력자 편에 선 사람들의 기만에 불과하며, 이런 추상적 관념을 철저히 역사화하는 게 바로 계급성이라고 말합니다.

여기에 더해 임화는 박치우, 신남철과 마찬가지로 당시에 자유주의자로 남아 있던 주류 세력들이 가장 많이 내세웠던 르네상스 신화에도 도전합니다. 이들은 만인의 개성이 활발하게 개진되고 인간이 자유와 개체성을 획득한 시기라며 르네상스를 예찬하는데요. 파쇼화 이전 시기인지라 아직은 주류 세력들에게 자유주의를 지향하는 면모가 다분했고, 이들이 르네상스 신화를 설파했던 겁니다.

1935년 11월 《조선중앙일보》 지면에서 '르네상스 논쟁'이 벌어지는데, 임화, 김남천金南天(1911~1953), 백철白鐵(1908~1985) 등이 여기에 참여합니다. 이후 임화는 「르네상스와 신휴머니즘론」(《조선문학》, 1937년 4월)에서 르네상스에 대한 자신의 생각을 심화해 논하지요. 이 논쟁에서 임화는 현대 사회의 상업 자본주의가 봉건적 족쇄로부터 해방하기 위해 투쟁하던 시기를 르네상스기로 보면서, 이때 쟁취한 자유가 누구를 위한 자유였는지 묻습니다. 그것이 전 인류의 자유가 아니라 시민사회, 즉 부르주아 사회의 자유였다고 본 겁니다. 즉 지주나 기업주의 해방이었을지 모르지만, 피고용자의 해방은 아니었다는 거예요. 이처럼 역사적 맥락에서 바라볼 때 신화는 자연스럽게 사라집니다. 그리고 객관적 진실에 가까운 부분이 남게 되지요.

앞서 언급했듯이 임화는 문화나 문예를 정치 도구화했다는 비판을 숱하게 받습니다. 그런 공격에 맞서 임화가 도전하는 또 하나의 신화는 '순수예술의 신화'입니다. 그는 「역사·문화·문학 혹은 '시대성'이란 것의 일각서一覺書」(《동아일보》, 1939년 2월 18일~3월 3일)에서 이에 대한 논의를 전개합니다.

이 글에서 임화는 "정치냐? 문화냐? 오래전부터 우리는 문제를 이렇게 제출하게끔 사고방식이 순육馴育되어왔다"라며 이 이분법에 대해 의문을 제기합니다. 그러면서 이들은 대립적인 것이 아니며, 정치도 문학도 결국 '행위', 즉 사회적 실천이라고 주장하지요. 정치와 문학은 크게 본다면 실천의 양면이며, 세계적이면서도 늘 국지적이어서 국가나 민족의 육체를 빌려 개성적인 형태로 표현된다고 말합니다.

임화의 주장은, 문화가 그 본질상 정치적이기에 순수예술이란 존재하지 않는다는 겁니다. 인간 집단의 삶의 방식이자 그 집단에서 일어날 수밖에 없는 권력 투쟁이 바로 정치인데, 문화 역시 인간 집단이 만들고 소비하는 것인 만큼 정치에서 자유로울 수 없으며 비정치적인 문화는 있을 수 없다는 것이지요. 또한 계급 문예는 이미 일상적으로 존재하는 정치성을 드러낸 것일 뿐이며, 억압당하는 이들 편에 서서 정치에 개입한 것이고요. 즉 계급성을 드러내는 게 문학의 정치 도구화가 아니라고 주장한 겁니다.

이처럼 임화는 마르크스주의의 관점에서 '자유' '객관성' '르네상스' '순수예술'과 같은 당대 주류 사회의 주요 신화를 비판합니다. 역사적 맥락화를 통해 그것들이 왜 신화인지 설명한 그의 방법론은 지금의 우리에게도 시사하는 바가 큽니다. 주류의 신화를 감식하면서 그 실체를 볼 줄 아는 비판적 안목을 키우는 것이 우리에게도 매우 필요한 일이니까요.

이런 임화의 견해에 하나 덧붙일 지점은, 그가 창작자에게 철저한 사실주의를 주문하면서 동시에 "꿈을 꾸자"라고 말한 것입니다(「주체의 재건과 문학의 세계」,《동아일보》, 1937년 11월 11~16일). 그

이쾌대의 〈군상 4: 해방고지〉(1948) 일부. 역동적인 인물들과 극적 상황을 결합해 그려낸 작품으로, 민족의 현실을 소재로 삼고 있다는 점에서 사실주의의 영향도 보인다.

에게 사회적 사실주의와 혁명적 낭만주의는 상호 보완적 개념이었어요. 박치우가 '파토스'를 강조하듯이, 임화는 '열정'을 강조하지요. 임화는 꿈을 꾼다는 것이 유토피아적일 순 있지만, 그런 상상력이야말로 인류 해방을 향한 움직임일 수 있다고 봅니다(「위대한 낭만적 정신」,《동아일보》, 1936년 1월 1~4일). 고대 이래의 유토피아들을 사회주의적 해방과 연결시키는 시도는 독일의 마르크스주의 철학자 에른스트 블로흐 Ernst Bloch (1885~1977)가 체계화한 바 있는데요. 당대의 좌파 예술가였던 이쾌대 李快大 (1913~1965)의 낭만적인 그림을 한번 떠올려보세요. 이런 이미지는 임화가 쓴 혁명적 낭만이 넘치는 시들과 멋진 콤비가 될 수 있을 겁니다.

민족 문학과 계급 문학, 그 이중의 과제를 짊어지다

일제강점기 중반에 이르기까지 조선 지성계의 주류는 자유주의자들이었습니다. 임화는 《조선일보》나 《동아일보》 등의 지면에서 그들과 사상 투쟁을 벌이면서 자유라는 개념의 신화성을 설파하고 유물사관적인 이야기를 해나갔지요. 그런데 일제 말기에 이르면 오히려 파시스트들이 지성계의 주류로 대두됩니다. 조선 민족과 일본 민족이 하나라는 일선동조론日鮮同祖論에 입각해 민족말살론이 자리 잡게 되고요. 조선총독부는 조선 민족을 발전적으로 해체해야 한다고 나서고, 좌파 계열의 전향자들까지 이에 자의로든 타의로든 가세합니다.

경성제대를 졸업한 수재로 일본 교토에서 노동운동을 하기도 했으나 전향한 현영섭玄永燮(1906~?)이 이런 주장을 펼친 대표적인 이론가이지요. 그는 조선 민족이 야마토 정신을 받아들이고 천황을 대가부장으로 모셔야 역사의 주인공이 될 수 있으며, 이를 통해 아시아와 세계를 해방할 수 있다고 주장합니다.

민족의 존립 자체가 위기에 처한 상황에서 임화는 더 이상 이전처럼 계급론만을 펴기가 어려워집니다. 결국 민족, 계급, 근대와 근대 이후의 사회주의에 대한 담론을 모두 꺼내들어야만 했어요. 그런 고민 가운데서 나온 게 그 유명한 임화의 「신문학사新文學

史」입니다. 그는 1939년 9월부터 1년 8개월에 걸쳐 《조선일보》와 《인문평론》에 이와 관련한 일련의 글을 연재합니다.

임화는 조선 신문학이 신소설로부터 출발했고 그다음에 이광수와 염상섭이 등장했다고 말하는데요. 다만 이광수와 염상섭이 한국의 근대적 민족 문학을 시작했을지언정 이를 완성하진 못했다고 진단합니다. 그렇다면 누가 이를 완성할 수 있다고 본 걸까요? 임화는 사회주의 작가들이 이 과제를 안고 있다고 말합니다. 즉 이들이 민족 문학과 계급 문학을 창작할 과제를 동시에 안고 있다는 이중 과제론이 여기에서 제기됩니다. 계급 투사들이 해체 위기에 놓인 조선 민족을 전제로 한 근대 만들기의 문제를 짊어져야 하고, 그러면서 근대를 극복하기 위한 혁명과 신사회 건설의 문제도 풀어나가야 한다는 겁니다.

임화가 이런 주장을 하게 된 것은 조선의 민족 부르주아들에게 민족문화를 만들어낼 힘과 의지가 없었던 데다가 그들이 본질상 매판적이었기 때문입니다. 당시에 이들은 일본 것을 모두 받아들임으로써 아류 일본인이 되는 길로 들어서버렸어요. 그러니 민족 문화를 만들어내는 것에서부터 이를 극복하는 것까지 모두 사회주의자의 과제가 되어버린 겁니다.

그런데 「신문학사」에 나오는 '이식 문화'라는 개념이 상당한 논쟁을 불러옵니다. 내재적 발전 없이 조선에 근대가 이식되었다고 본다면서 조선사에 진보가 없었다는 정체론자로 임화를 밀어붙인 건데요. 이런 비판은 상당 부분 오류에 가깝습니다. 그는 자본주의 세계 체제가 영역을 넓히는 과정에서 서구의 자본주의가 어쩔 수 없이 비서구에 이식되는 지점이 있다고 보면서 '이식 문화'라는 개념을 씁니다. 하지만 서구의 자본주의 문화가 비서구 문화와 만나 뒤섞이는 가운데 새로운 문화가 창조된다고 봤어요. '문화 혼화混和'라는 말을 하는데, 이는 탈식민주의 이론가 호미 바바 Homi Bhabha(1949~)가 말한 '혼종성hybridity'과 유사한 개념이지요.

임화는 비서구 사회의 자발적 근대화 가능성을 부정한 적이 없습니다. 오히려 그는 서구의 침략이 없었다면 동아시아 국가들이 충분히 자체적으로 자본주의화했으리라고 봤어요. 근데 그리 되지는 않았고, 세계 자본주의 체제의 팽창 과정에서 서양의 자본주의 문화가 주변부인 비서구에 침략의 형태로 나타난 것을 '이식 문화'라고 표현한 것이고요. 즉 「신문학사」의 논리는 정체론과는 무관하며, 오히려 조선 후기에 자본주의로 이행하려는 씨앗이 싹트고 있었다고 보는 자본주의 맹아설에 가깝습니다.

사실 임화는 전근대 문화를 공부한 연구자라기보다는 비평가였어요. 그래서 이와 관련해서는 가까이 지내던 학자인 김태준과 백남운의 연구에 의존하지요. 이들은 실학을 "반反성리학적 자주 사상"이자 "근대 사상의 맹아"로 규정했고, 실학이 계승되어서 개화사상으로 이어진다고 보았는데요. 임화는 이 견해를 받아들입니다. 다만 조선 부르주아 세력의 취약함과 불가피한 대외 의존성 때문에 갑오개혁 등에서 자주적이지 못한 면모를 보였다고 진단하고요.

이런 관점에는 분명 문제가 있습니다. 물론 조선 말기에는 유통·화폐 경제의 씨앗이 서서히 싹트고 있었고, 다산茶山 정약용丁若鏞(1762~1836) 같은 소위 실학자의 사상에는 전통과 상당히 다른 요소가 있었습니다. 하지만 김태준과 백남운, 그리고 그들의 연구에 기대 있던 임화는 이를 지나치게 확대 해석했어요. 실학, 그중에서도 정약용의 진보성과 근대성에 대한 임화의 믿음은, 일본의 식민사관에 대응하면서 조선사의 유물론적 도식에 따른 발전의 그림을 그려내려는 의욕에서 비롯되었을 겁니다. 그런데 식민사관은 마땅히 버려야 할 것이지만, 사실에 입각하지 않은 민족주의적 대응 역시 버려야 할 것입니다.

우리가 흔히 아는 '다산'은 신화입니다. 실제로 정약용은 진보와 무관한, 양식이 있었을지언정 보수적인 유교 학자였습니다. 예를 하나 들어볼까요. 조선 영조 집권기인 1731년 노비종모법이 실시되는데, 이는 당대에 세금을 낼 양인이 줄어들자 그 수를 늘리기 위해 아버지가 노비이고 어머니가 양인인 경우 그 자녀가 어머니의 신분을 따르게 하는 제도입니다. 정약용은 이를 크나큰 위기로 받아들여요. 그가 생각하는 국가는 사족들만의 국가였고, 사족들은 노비 없이 살 수 없지요. 그런데 노비종모법이 실시되니, 노비 수가 줄어들 게 예상되고요. 정약용은『목민심서』에서 이 법

조선 사회주의자 열전

조선 후기에 들어서면 극심한 빈곤을 이기지 못해 자기 몸을 파는 양인들이 나타난다. 1896년 양인이었던 박종숙이 자신을 비롯한 가족을 노비로 팔기 위해 작성한 문서인 자매문기(自賣文記). 문서에 있는 손바닥 그림은 지금 식으로 말하면 이들의 서명이었다.

이 그때까지 이어져온 수직적 신분 제도를 해친다고 비판합니다. 그는 신분 해방이 아닌 신분제 강화를 주장한 거예요. 이런 사람을 과연 진보적이라고 할 수 있을까요?

여기에서 드러나는 임화의 또 다른 문제를 지적하자면, 그는 일본 사학계의 한계 역시 뛰어넘지 못했습니다. 그가 접한 대부분의 역사서는 일본에서 출간된 것들이었는데, 그런 책들에서는 대부분 일본의 중세 봉건제가 자본주의 발전의 가능성을 품고 있었다고 보았습니다. 즉 일본사가 서양사와 유사하게 나아갔으며, 전근대 시대에 일본이 중국이나 조선에 비해 더욱 발전 지향적 사회였다는 거예요. 그러면서 이들은 일본사를 동양사에서 분리해내고, 동양사는 스스로 자본주의를 만들 수 없었던 정체된 사회의 역사로 설정합니다. 그에 비해 일본사는 자신들만의 자본주의를 만들었던 사회의 역사라는 건데요.

많은 서양의 학자들도 상당 기간 이런 관점으로 일본을 바라보았습니다. 제가 학창 시절 봤던 에드윈 라이샤워Edwin Reischauer (1910~1990)와 존 킹 페어뱅크John King Fairbank (1907~1991)의 『동양문화사East Asia: The Great Tradition』(1960) 같은 교과서만 해도 그런 설을 그대로 받아들였어요. 하지만 지금은 서구 중심적인 극소수의 보수주의자들만이 오로지 일본 중세의 막번 체제만을 자본주의 발전의 가능성을 품고 있는, 비교적 미래 지향적인 체제로 보고 있지요.

가령 일본에서 자본주의가 태동했다는 시기의 중국을 보면, 강남 지역에 초기 자본주의와 같은 공장제 수공업 형태가 나타났습니다. 아편전쟁 직전의 자본주의 발전 양상을 견주어보면, 중국의 상해(상하이)나 광주(광저우)가 일본의 오사카와 크게 다르지 않았어요. 물론 이후에 일본은 자본을 보호하고 육성해서 침략주의로 나아갔지만요.

임화는 서구의 봉건제와 닮은 일본의 봉건제가 자본주의로의 발전 가능성을 열었다는 일본의 일부 마르크스주의자들의 주장을 받아들입니다. 중국이나 조선의 봉건제에 비해 일본의 봉건제가 상대적으로 진보적이었다는 건데, 이는 신화입니다. 또한 조선에 자본주의의 맹아가 있었다는 주장을 펴면서 일본 에도 시대의 양학洋學과 같은 존재로 조선의 실학을 설정하는데, 앞서 언급했 듯이 이건 과장이지요. 물론 이는 당대 연구의 한계일 텐데, 임화 역시 아쉽게도 서구 중심적이면서 오리엔탈리즘적인 신화의 한 계를 뛰어넘지 못한 겁니다.

한편 일제 말기에는 조선 민족의 발전적 해체가 거론되면서 조 선어를 버리고 일본어를 쓰자는 조선어 해체론이 대두됩니다. 김 문집金文輯(1907~?) 같은 문학평론가가 대표적으로 이런 주장을 하지요. 이에 대해서는 여러 민족주의자들이 반대를 표명합니다. 조선 민족의 언어인 조선어를 지켜야 한다는 논리를 내세우지요. 그런데 임화는 이들과 다른 논리를 폅니다. 다수의 조선인들이 일 본어를 구사하지 못하니, 문학인들은 다수에게 편하고 대중적인 언어를 써야 한다는 거예요. 즉 조선어 해체론의 비민주성을 지적 하면서 민중을 중심에 둔 논리를 구사해 이를 비판합니다.

조선 사회주의 운동사의 산증인, 숙청으로 스러지다

일제 말기에 많은 지식인들은 전시 체제에 부역합니다. 이들은 크 게 세 부류로 나눠볼 수 있는데요. 첫 번째 부류는 파시즘이 몸에 밴 확신범들입니다. 박정희가 전형적 사례일 거예요. 두 번째 부 류는 일제 파시즘이 자유 시장을 없애고 통제 경제를 실현했으니

수려한 외모로 〈지하촌〉〈유랑〉 등의 영화에 출연하기도 했던 임화는 일제 말기에 군대 선전 영화를 제작하던 고려영화사 문예부에 들어간다. 엄혹한 시기에 소프트한 부역을 한 것이다.

차라리 사회주의에 가깝다고 본 이들인데요. 다음 강의에서 이야기할 김명식이나 인정식印貞植(1907~?) 같은 전향 지식인들이 그런 부류입니다. 이들은 대동아공영권이 어느 정도 자본주의의 문제를 해결했다고 본 건데요. 물론 말도 안 되는 이야기이지요. 세번째 부류는 박치우나 임화처럼 그저 살아남을 만큼, 생존 수단을 유지할 만큼 부역을 한 이들입니다. 어쨌든 일제 말기 전시 체제에 저항하지 못한 건 사실이지요.

임화는 일제 말기에 이따금 일본어로 글을 써서 발표하기도 하고, 사회주의자였다가 전향해서 파시스트가 된 하야시 후사오林房雄(1903~1975)와 좌담을 하기도 합니다. 일본의 군대 선전 영화를 제작했던 고려영화사에 들어가서 활동했고요. 즉 소프트한 부역을 한 것이지요. 왕년의 카프 서기장이 그냥저냥 먹고사는 직장인이 된 겁니다.

그러했기에 해방이 되면서 임화는 엄청난 공격을 받습니다. 박치우가 양심의 가책에 시달리다가 일제에 대한 저항을 끝까지 포기하지 않은 박헌영의 비서가 되었던 것처럼, 임화 역시 이때 자신의 사상적 아버지로 박헌영을 두게 되지요. 그와 급속히 가까워진 임화는 남로당에 들어가서 당의 문예 활동을 이끌어갑니다.

이 시기에 〈인민항쟁가〉의 가사를 썼는데요. 1946년 대구에서 좌파 세력들이 미군정의 시정을 요구하는 10월 항쟁을 일으키자 쓴 것입니다. 곡은 김순남金順男(1917~1986)이 붙였는데요. 도쿄제국음악학교를 졸업한 뒤 활동하다가 나중에 모스크바에 가서 소련을 대표하는 작곡가 아람 하차투리안Aram Khachaturian(1903~1978)에게 사사했던 작곡가지요.

> 원수와 더불어 싸워서 죽은
> 우리의 죽음을 슬퍼 말아라
> 깃발을 덮어다오 붉은 깃발을
> 그 밑에 전사를 맹세한 깃발
> -〈인민항쟁가〉 1절

이 노래는 당시에 태백산과 지리산의 빨치산, 그리고 제주, 여수, 순천 등지에서 투쟁했던 이들에게 널리 불립니다. 북한에서는

1930년 3월, 일본의 경찰 형사과에서 작성한 문서에 있는 김철수의 모습. 조선공산당 재건준비위원회 위원장을 맡은 혐의로 체포되었을 때 만들어진 문서다.

애국가처럼 부르기도 했고, 남한에서는 1980년대에 운동권들이 이 노래를 불렀다고도 하지요.

그렇게 해서 혁명적 낭만 시인이었던 임화는 다시 혁명의 현장으로 돌아옵니다. 하지만 좌파 문인들 사이에서 지도자로 부상한 그는 좌파에 대한 탄압이 거세지자 1947년에 월북해요. 남한에 있었다면 그는 살아남을 수 없었을 겁니다. 임화와 가까웠고 미군정의 인정을 받지 못한 경성대학 초대 총장을 지낸 김태준은 이때 남로당 특수정보부장이라는 죄목으로 기소되어 총살형을 당하지요.

좌파 출신이 남한에서 살아남을 수 있는 방법은 둘뿐이었습니다. 하나는 완벽하게 자기 자신을 배반하고 전향 좌파가 되는 거예요. 임화의 비판을 많이 받았던 김기진이 그렇게 살아남았지요. 완벽하게 전향한 뒤 종교인이자 반공 문인이 되었고요. 나머지 하나는 끽소리 없이 초야에 묻히는 것입니다. 1920년대 사회주의 운동의 핵심 인물이었고 제3차 조선공산당의 책임비서를 지낸 김철수金錣洙(1893~1986)가 그런 경우이지요. 그는 남한에서 고향인 전북 부안으로 낙향해 은둔 생활을 하다가 생을 마감합니다. 정치와는 무관하게 살았지만 경찰의 사찰이 너무 심해서 "해방 전엔 감옥, 해방 뒤엔 지옥"이라는 말을 자주 되뇌었다고 해요. 상당히 흥미로운 육성 회고를 남긴 분이지요.

월북한 뒤 북한에서 발표한 임화의 시들을 보면, 예전의 그 혁명적 낭만 시인 임화가 다시 엿보입니다.

　　　머리가 절반 흰

　　　아버지를 생각하여

　　　바람 부는 산정에 있느냐

　　　가슴이 종이처럼 얇아

　　　항상 마음 아프던

　　　엄마를 생각하여

　　　해 저무는 들길에 섰느냐

　　　그렇지 않으면

아침마다 손길 잡고 문을 나서던

너의 어린 동생과

모란꽃 향그럽던

우리 고향집과

이야기 소리 귀에 쟁쟁한

그리운 동무들을 생각하여

어느 먼 곳 하늘을 바라보고 있느냐

-〈너 어느 곳에 있느냐-사랑하는 딸 혜란에게〉 중에서

한국전쟁 당시에 소식이 끊긴 딸을 그리워하며 쓴 시인데요. 전쟁 때문에 헤어지게 된 딸을 애틋하게 떠올리는, 낭만과 비애가 교차하는 작품이지요. 서정성도 살아 있고요. 당시 북한에서는 이 정도의 낭만은 허용되었어요. 하지만 그렇게 다양성을 포용하던 기간은 짧았습니다. 차츰 이러한 임화의 시들이 논란이 되지요. 이에 기석복奇石福(1913~1979)이 임화의 시를 변호하는 글을 쓰기도 합니다. 그는 소련에서 하급 간부로 활동하다가 북한에 파견되어서 《노동신문》 주필까지 지낸 고려인인데요. 소련에서는 전쟁에 대한 시에 이 정도의 낭만과 비애가 드러나는 건 흔한 일이라고 하며 임화를 비호합니다.

그런데 임화에 대한 비판은 그의 시만을 겨눈 게 아니었어요. 그가 조선 사회주의 운동사의 산증인이라는 점에서 비롯된 것이

1956년 북한의 조선작가동맹 출판사에서 펴낸 한설야의
장편소설 『설봉산』에 수록된 한설야의 사진. 빨치산파가
다른 계파들을 숙청해가는 가운데서 임화 등을 밀어내며
살아남은 그에게도 이후 좌천의 시간이 밀어닥친다.

었지요. 임화는 너무나도 많은 걸 알고 있었습니다. 새로운 정권
을 수립하는 상황에서 그런 인물은 싹 지워버리고 싶었던 거예요.
정권의 정통성은 오직 하나, 빨치산 운동에 있어야 했고, 이를 위
해 여타의 전통은 모두 없애야 했던 것이지요. 그렇게 볼 때 임화
도, 기석복도 모두 제거해야 할 인물이었고요. 1955년 조선노동
당 선전선동원대회에서 김일성은 그 유명한 '주체'에 대한 연설을
합니다. 그리고 이때 대표적인 사대주의자라면서 기석복을 공격
하지요. 스탈린의 사망으로 북한에 대한 소련의 영향력이 줄어든
시기였고, 소련파였던 고려인 기석복이 더 이상 필요하지 않았을
거예요.

　임화는 기석복에 대한 비판이 제기되기 전에 자신의 옛 동료였
던 한설야, 그리고 그의 제자였던 엄호석嚴浩錫(1912~1975)의 공
격을 받습니다. 이후 카프의 베테랑이었던 송영宋影(1903~1977)이

가세하고요. 송영은 임화가 숙청되어 죽고 난 뒤에 「임화에 대한 묵은 논죄장」(1956)을 발표합니다. 임화를 회고하면서 그가 지은 죄를 밝힌다는 논문인데, 임화의 있는 약점에다가 없는 약점까지 더해서 쓴 글이에요. 여기에는 그가 일제강점기의 경성콤그룹 검거 때 경찰에 밀고를 했고, 해방 이후 미제의 고용 간첩이었다는 내용이 있는데, 이는 모두 사실이 아니지요. 물론 임화에게는 실제로 일제 말기에 소극적으로나마 부역했던 약점이 있었지만요.

사실 임화를 공격했던 한설야의 삶 역시 크게 다르지 않았어요. 하지만 임화를 상징적으로 죽인 덕분에 그는 9년의 시간을 법니다. 1962년에 그는 북한 문학계의 중심에서 퇴진당한 뒤 좌천되어서 지방으로 내려가지요. 새로운 정통성을 위해서는 새로운 문예가 필요했는데, 이때 카프는 하나의 참고 자료는 되었지만 이를 안고 갈 순 없었습니다. 그러니 카프계 문인들의 좌천은 시간문제였지요.

지금 우리에게 필요한
방법론을 찾아서

지금의 관점으로 본다면, 임화는 당대가 가지고 있던 근대성 인식의 한계를 품고 있던 인물입니다. 젠더 의식에 있어서 그러하고, 일본의 중세가 중국이나 조선에 비해 훨씬 근대적이었다는 주장,

1930년대 조선의 마르크스주의가 과장했던 정약용에 대한 평가 같은 것들을 임화는 그대로 받아들였지요.

하지만 그에게는 여전히 배울 점이 많습니다. '유기적 지식인'을 탐구하면서 민중적·참여적 지식인 상을 제시한 점을 들 수 있을 테고요. 현실 참여적인 시를 통해 한국에 혁명적 낭만주의의 전통을 만들어낸 점도 그의 업적일 겁니다. 이 전통은 남한에서 김수영金洙暎(1921~1968)과 김남주, 송경동宋竟東(1967~)으로 이어졌지요. 물론 남한에서는 비주류에 있어야 했고, 북한에서는 제거되어야만 하는 것이었지만요.

한편 당대의 보편과 특수 문제는 임화에게 큰 고민거리였습니다. 그는 '이식 문화', '문화 혼화'와 같은 개념들을 통해 세계 자본주의가 조선으로 확장되는 과정을 설명합니다. 그러면서 계급 해방이라는 보편과 조선의 현실이라는 특수 사이에서 이중 과제를 도출해내지요. 이런 지점은 현재 달라진 부분도 있지만, 여전한 부분도 있습니다. 가령 남한의 우파들은 지금도 주권과 민족국가의 완성, 즉 평화적이며 동등한 남북 통일과 같은 사안에 별반 관심이 없습니다. 조선의 부르주아들이 근대적 민족 만들기에 있어서 그 능력이 부족했는데, 이런 점이 지금까지 이어지고 있는 걸지도 모르겠어요. 그렇다 보니 통일 문제는 여전히 좌파들의 과제로 남아 있지요.

하지만 무엇보다도 지금 임화를 참조할 만한 지점은, 주류 사회의 신화에 도전하는 그의 방법론일 겁니다. 임화는 분석적인 역사화와 맥락화를 통해 자유와 객관성의 신화를 파괴합니다. 누구를 위한 자유인지, 어느 위치에 서 있는 누구의 객관인지 질문하지요. 모든 담론 가운데 계급적 의제가 내재되어 있다고 보면서 그 주관성을 들춰내고요. 그가 보여준 역사화와 맥락화라는 방법론은 여전히 우리가 소중하게 살펴야 할 이론일 겁니다. 여전히 우리는 그런 방법론이 필요한 시대를 살아가고 있으니까요.

김명식

식민지 시대 최고의 명필,
한국적 좌파의 토대를 마련하다

▼ ▼ ▼

당대에는 유명했지만 지금의 한국 사회에는 잘 알려져 있지 않은 사회주의자, 김명식. 이번에는 그의 삶과 생각을 따라가보려 합니다. 김명식은 1920년대 초반에 서울파 사회주의자로 활동했는데, 당시의 운동 판에서 그는 소수파였습니다. 이후 한 차례 감옥에 다녀온 뒤 운동 조직에 발들이지 않아서 조직과의 관계가 강하지 않았고요. 하지만 당대 문제들을 깊이 고민하는 글쟁이로 이름을 떨치며 언론의 스포트라이트를 받았던 인물입니다.

운동 조직을 중심으로 사고하고 활동하던 사회주의자들은 많이들 김명식을 비판했습니다. 당과 별반 관련 없는 매체에 대중적인 글을 쓰면서 먹고산다며 따돌렸고, 사민주의자가 되어버렸다는 비난을 하기도 했습니다. 지금이야 사민주의자가 나쁜 말이 아니지만, 1920~30년대 코민테른 계열의 사회주의자들에게 이는 제국주의자에 버금가는 욕이었어요. 제국주의자는 적이고, 사민주의자는 배신자였던 거지요. 그래서 코민테른 문서에는 김명식에 대한 비난이 한가득 기록되어 있습니다. 하지만 그는 1930년대 초반까지 코민테른의 노선을 거의 그대로 따랐어요. 운동 조직에 속해 있지 않아서 그런 비난을 받았던 거지요.

하지만 엄혹한 일제 말기에 김명식은 거의 전향을 했고, 해방 뒤에 그의 아들은 월북합니다. 그러고서 그의 이름은 남한에서 완전히 잊혔지요. 그런데 북한에서도 김명식이 활동했던 때가 정파 투쟁의 시대로 규정되면서 그의 이름이 역사 서술에서 배제됩니다. 남한에서 그의 명예가 복원되고 그나마 관심을 받기 시작한 게 1990년대 후반인데요. 그렇게 된 이유도 재미있습니다. 김명식은 제주 출신인데, 제주에 애착이 강한 향토 사학자들을 중심으로 그를 재조명하는 작업이 이뤄졌어요. 그렇게 아주 약간 부활을 하게 되었지요.

김명식은 사회주의자들이 어떻게 대안적 근대의 기본 개념을 정립해갔는지 살펴볼 수 있는 글들을 많이 남겼습니다. 박치우와 마찬가지로 민족과 파시즘 문제에 대해서도 관심이 많았고요. 그는 당대 최고의 명필로 꼽힐 만큼 글을 잘 썼는데, 생산성도 매우 좋았습니다. 일제강점기에 발표한 글이 100편이 넘어요. 《동아일보》, 《조선일보》 같은 신문, 《신계단》, 《삼천리》, 《별건곤》, 《동광》 같은 잡지에 그의 생각을 자세히 들여다볼 수 있는 글들이 많이 남아 있지요. 원고료로 먹고사는 전문 기고자였으니 수입이 필요해서 그렇게 글을 많이 썼을 수도 있겠지만요.

제주 양반가의 자제,
일본에 유학하며 사회에 눈뜨다

제가 10여 년 전에 전교조 제주지부의 초청으로 제주에 간 적이 있는데, 그때 김명식의 묘소를 안내해달라고 선생님들께 부탁했습니다. 한번 가서 참배라도 하고 싶었어요. 관광 명소도 아니고 쉽게 찾을 수 없는 곳인데, 베테랑 운동권 출신 선생님이 한 분 계셔서 어렵사리 조천읍 조천리에 있는 김명식의 묘소와 생가 터를 방문했지요.

조선 시대에 제주는 그야말로 변방이었고 구한말에는 몰락한 양반들이 많았는데, 김명식은 보기 드문 제주의 잘나가는 토착 양반가 출신이었습니다. 아버지와 할아버지가 현감을 지냈는데, 제주의 특성상 중앙에서 유배 온 유명한 선비들과 상당한 교유를 했습니다. 김명식의 아버지 김문주金汶株(1859~1935)는 동도서기론東道西器論을 주창한 개화파 김윤식金允植(1835~1922)이 제주로 유배되었을 때 알게 되어서 이후에도 시를 주고받는 사이였는데요. 차후에 김명식은 김윤식의 사회장 문제 때문에 《동아일보》를 그만두게 됩니다. 자기 아버지 친구의 장례를 사회적으로 기리며 치르는 걸 김명식이 반대한 것이지요.

구한말 제주에서는 방성칠房星七의 난(1898)과 이재수李在守의 난 (1901) 같은 큰 민란들이 있었지만, 김명식의 집안은 민군의 보호

영국 출신 화가 엘리자베스 키스(Elizabeth Keith)의 〈운양 김윤식〉(1919) 일부. 조선의 거물 정객 김윤식은 1897년 제주로 유배된 뒤 김명식의 아버지와 교유했다.

를 받았습니다. 민심을 얻은 재지在地 양반가였던 거지요. 김명식은 1902년부터 4년간 서당에서 한학을 배운 뒤 제주공립농업학교에 입학해 1910년에 졸업합니다. 또한 이 시기에 김명식은 아버지와 함께 대한협회에서 활동합니다. 대한협회는 1907년에 계몽주의자들이 무너져가는 나라를 문명화해보겠다며 만든 전국 단위의 단체인데, 제주지회에 두 사람의 이름이 회원으로 올라 있어요. 이때만 해도 아버지와 아들이 함께 학회 활동을 하는 게 이상하지 않은 일이었습니다. 김명식처럼 유교 교육을 받은 뒤 민족주의적 계몽 활동을 거쳐 사회주의자가 되는 것은 조선의 사회주의자 1세대들의 전형적인 코스였어요.

제주공립농업학교를 졸업한 김명식은 그해에 경성으로 올라와

1912년까지 경성고등보통학교에 다닙니다. 그리고 1915년 일본으로 유학을 떠나 3년간 와세다대학에서 공부하지요. 이 시기의 경험은 김명식의 삶에 중요한 이정표가 됩니다. 그는 도쿄에서 처음으로 조선인 노동자들을 직접 만나보게 돼요. 실을 만드는 제사製絲 공장에 다니는 노동자들이었지요. 또한 처음으로 비밀 조직을 만드는 일에 가담합니다. 이런 경험이 그에게는 남다르게 다가왔을 거예요.

1916년 도쿄에서는 조선, 대만, 인도, 베트남 등지에서 온 유학생 60여 명이 모여 아시아 전역에 반제국주의를 구축하자는 뜻을 모아 신아동맹단新亞同盟團을 결성합니다. 김명식은 장덕준張德俊(1892~1920), 장덕수張德秀(1895~1947) 형제를 비롯해서 김철수, 정노식鄭魯湜(1899~1965) 등과 함께 이 단체의 조선인 회원으로 활동합니다.

김명식, 김철수, 정노식은 이후 조선공산당 서울파의 주요 활동가가 되는데요. 김철수는 남한에서 간신히 살아남아 자연사한 매우 드문 사회주의자이고, 정노식은 월북한 뒤 북한에서 역시 보기 드물게 숙청되지 않은 인물입니다. 명예직이긴 하지만 말년까지 조국평화통일위원회 중앙위원 등 이런저런 벼슬을 했고요. 북한에서 박헌영 계열의 화요파 사회주의자들은 대부분 숙청되지만, 서울파 사회주의자들은 상당수가 숙청을 면했습니다. 서울파가 김일성을 중심으로 한 북한 정권에서 권력의 핵심이 되진 못하지만, 어쨌든 파벌 싸움에서 드물게 살아남은 겁니다.

와세다대학에 다니면서 김명식은 자본주의에 대한 비판 의식을 키워 나갑니다. 식민지 출신의 지식인이 식민지 자본주의에 대해 비판적 관점을 갖는 것은 자연스러운 일일 텐데요. 당시의 그는 자본주의가 도덕을 파괴하고 인민을 도탄에 빠트린다는 유교적 도덕론에 입각해 자본주의를 비판합니다. 그리고 이에 대해 내린 처방은, 세금을 늘려서 복지 시설과 사회보험 제도를 만드는 것이었어요(「도덕적 타락과 경제의 부진」, 《학지광》 14호, 1917년 11월). '철혈 재상'이라는 별칭으로 잘 알려진 오토 폰 비스마르크Otto von Bismarck(1815~1898)가 독일에서 편 위로부터의 보수적 국가 복지 정책을 해결책으로 본 건데요. 당시의 조선 지식인들은 독일식 국가적 복지주의를 예의 주시하고 있었습니다. 그렇게 해서라도 자본주의의 약육강식을 완화하고 싶었고, 그래야만 민족 단결과 국민 통합이 가능하다고 봤던 거예요.

한편 1917년의 러시아혁명과 1919년의 3·1운동 여파로 일본 유학생들이 급진화하기 시작합니다. 그런 흐름 가운데서 3·1운동 이후 귀국한 일본 유학생들이 1920년 조선 최초의 사회주의 결사인 사회혁명당을 창당하지요. 중국 상해로 사람을 파견한 사회혁명당은 그다음 해에 이동휘가 이끄는 재在상해 고려공산당의 국내 지부가 됩니다. 조선공산당의 주요 파벌 중 하나인 서울 상해파, 즉 서울파(서상파)가 이렇게 만들어진 것이지요.

1880년대에 독일의 재상 비스마르크는 노동자의 생활을 책임지는 사회보험 제도를 최초로 시행했다. 이는 노동자를 회유하기 위한 것이자 노동자와 국가를 통합하기 위한 정책이었다.

사회혁명당에서 활동한 김명식, 김철수, 한위건, 이봉수李鳳洙 (?~?), 주종건朱鍾建(1895~?), 유진희兪鎭熙(1893~1949) 등이 이후 서울파의 핵심 인물이 되는데요. 이봉수는 사회주의 활동을 하다가 월북한 뒤 한국전쟁 때 숙청되었고, 주종건은 1927년 이후 모스크바에 가서 활동하다가 거기에서 숙청됐지요. 외국인노동자출판부 일본과에서 일본어 전문가로서 일했는데, 코민테른 문서를 살펴보면 1935년 10월에 '친일 간첩 행위 혐의'로 체포돼 구속 수사 과정에서 사망했다고 합니다. 고문을 이기지 못해 사망한 것으로 추측되지요. 《신계단》 편집장을 지낸 유진희는 한국전쟁 직전에 사망하지만 그때 이미 보수 정당인 한국민주당의 주역이 되었고요. 이들의 삶은 들여다볼수록 진정 기구한 인생들이었습니다.

조선 최고의 명필로
글을 쓰며 투쟁을 하며

서울파 사회주의자들은 프롤레타리아 운동의 전위가 되겠다는 뜻을 품고 두 가지 방향으로 활동을 전개합니다. 그중 하나가 표현 기관, 즉 언론을 장악하는 것이었어요. 이에 김명식은《동아일보》의 창간에 참여하면서 한국 저널리즘의 역사에 남게 되지요. 그는《동아일보》논설반, 지금으로 치면 논설위원실 기자로 일하는데요. 논설반을 주도했던 장덕수와 김명식은 와세다대학 동기로 신아혁명당 활동을 함께했던 사이입니다. 하지만 장덕수는 꽤 빨리 보수화되었고, 논설 때문에 김명식과 치고받고 싸우기도 했어요. 김명식은 신문에 자기 논설이 실리지 않자 운 적도 있다고 하고요.

서울파 사회주의자들이 모색한 또 하나의 방향은 노조 활동이었습니다. 노조가 거의 없던 조선에 그 씨앗을 뿌려야 한다며 진출한 곳이 조선노동공제회였지요. 1920년 경성에서 조직된 최초의 대중적 노동 단체인 조선노동공제회에서 김명식은 간부로 활동하면서 조직 장악을 위해 애씁니다. 서울파 사회주의자들이 노조와 표현 기관에 침투한 것은 레닌의 볼셰비키를 모델로 전략을 짠 것이었어요. 볼셰비키에게는 노조라는 기반이 있었고, 우리말로 하면 '불꽃'이라는 이름의 기관지《이스크라Iskra》가 있었으니

《동아일보》1921년 8월 17일자에 실린 김명식의 「니콜라이 레닌은 어떠한 사람인가」 기사. 그리고 《동아일보》 사원 등록 카드에 있는 김명식의 사진.

까요.

김명식은 1921년 6월 3일부터 8월 31일까지 61회에 걸쳐 《동아일보》에 「니콜라이 레닌은 어떠한 사람인가」라는 글을 연재합니다. 볼셰비키의 역사를 다룬 기사인데, 한국 언론에 보도된 최초의 본격적인 레닌론이지요. 일본에서 발표된 글들을 참조해 쓴 글이지만, 선구적인 기사로 적색 계몽주의를 편 겁니다.

김명식은 《동아일보》에서 급진적 계몽주의 노선을 견지하는 글들을 선보입니다. 이 시기의 활동에 대해서는 「필화筆禍와 논전論戰」(《삼천리》, 1934년 11월)이라는 회고적인 글을 남기기도 했는데요. 구사상이 사라지고 신사상이 제대로 정립되지 않은 시기에 《동아일보》에서 애덤 스미스, 장 자크 루소, 존 스튜어트 밀, 샤를 루이 드세콩다 몽테스키외 등이 주장한 자유주의적 계몽주의를 소개하는 게 자신의 역할이었다고 말합니다.

이 시기에 부르주아 자유주의적인 결혼 풍속을 소개했다가 재미있는 필화 사건이 벌어지는데요. 김명식은 「조선 부로父老에게 고告함」(《동아일보》, 1920년 5월 4~9일)이라는 글에서 가부장의 권리 남용을 지적하면서 남성 어른들이 책임을 다해야 한다고 주장합니다. 그러면서 보수적인 유림들이 자기 뜻대로 자녀들을 일찍 결혼시키는 것을 "수성獸性 혼인", 즉 동물과 같은 혼인이라고 말하지요. 이에 반발한 유림들이 신문사로 항의 방문을 왔고요.

사실 조선의 사회주의자 1세대들은 지적인 압축 성장의 시기를 살아간 이들입니다. 1890년대까지만 해도 유교가 사회를 지배하고 있었는데, 그로부터 불과 20년 뒤 사회주의자들이 출현하지요. 전근대 사상에서 사회주의까지 엄청나게 압축적으로 도약한 건데요. 이런 시기에 사회주의자들은 어쩔 수 없이 온갖 일을 떠맡게 됩니다. 사회주의만 논할 순 없는 거예요. 아직 근대화가 안 된 사회에서 사회주의자들은 일단 근대주의부터 설파해야 했습니다. 게다가 조선이 식민지이다 보니 민족 문제도 안고 가야 했고요. 즉 조선의 사회주의자들은 사회주의만큼이나 근대 문제와 민족 문제를 떠안아야 했습니다. 김명식의 글들에는 이런 자취가 상당히 명확히 남아 있지요.

그러다가 앞서 잠시 언급했던 사건이 벌어집니다. 1922년에 구한말의 유명한 관료였던 김윤식이 사망합니다. 그가 어떤 인물이었는지를 단적으로 보여주는 사례를 하나 들어볼게요. 3·1운동 직전에 운동을 벌이려던 이들이 김윤식을 찾아갑니다. 같이 운동을 도모해보자고 제안한 건데요. 김윤식은 백성들과 함께 운동을 할 순 없다면서, 천황에게 조선 독립을 부탁해보겠다고 한 뒤 독립 청원서를 제출합니다. 이런 입장을 취한 인물에 대해 사회주의자들은 비판적일 수밖에 없었지요.

김윤식이 사망하자 그의 장례를 어떻게 치를지가 중요한 사안으로 대두됩니다. 유교적인 사회에서 죽음은 매우 무거운 사건인데요. 고종의 장례는 3·1운동의 기폭제가 되었고, 순종의 장례 때도 6·10 만세운동이 벌어졌지요. 《동아일보》에서는 김윤식의 장례를 사회장으로 치르면서 행사를 주도하려고 해요. 그런데 사회주의자들이 이에 반대하지요. 일본 천황에게 청원서나 쓰는 옛 제국의 구식 관료를 왜 그렇게까지 기려야 하느냐는 이유였어요. 결국 이 사안이 엄청난 논쟁거리가 되어버렸고, 김명식은 아버지의 벗이기도 했던 김윤식의 사회장에 반대하다가 결국 《동아일보》를 박차고 나와버립니다.

그런데 그는 사회장을 치러야 한다고 주장한 장덕수 세력을 비판하면서도 《동아일보》까지 비판하진 않았어요. 김윤식의 사회장에 반대하던 여타의 강경한 사회주의자들과는 다른 행보였지요. 김명식은 《동아일보》가 민족주의적·자유주의적 표현 기관으로써 여전히 활용 가치가 있다고 봤던 거예요. 계몽주의자들은 지면을 떠나면 생명력을 잃게 되지요. 김명식은 자신이 종이와 인쇄기를 떠날 수 없다는 걸 알았던 겁니다.

그런데 《동아일보》를 그만두고 나왔으니, 김명식에게는 다시금 자기를 표현할 기관이 필요했습니다. 그는 곧이어 우리나라 최초의 사회주의 잡지인 《신생활》 창간에 참여하지요. 이를 펴낸 신생활사의 사장은 박희도朴熙道(1889~1952)였는데요. 감리교 목사 출신으로 민족 대표의 한 사람으로 3·1운동에 참여했던 진보적 기독교인이지요. 하지만 일제 말기에는 적극적 친일 행각을 벌여서 해방 후 반민특위의 조사를 받았던 인물이고요. 그런데 이 시기에는 김명식 같은 사회주의자와 손잡고 잡지를 만들었던 거예요.

《신생활》에서는 1922년 11월에 러시아혁명 5주년을 맞아 기념호를 발간하는데요. 이게 빌미가 되어 김명식을 비롯해 《신생활》을 만들던 이들은 조선총독부의 조사를 받게 되고, 식민지 시기 조선 최초의 필화 재판인 '《신생활》 필화 재판'이 열리게 됩니다. 여기서 김명식이 식민지 사회에 오래 회자되는 말을 남기는데요. 검사가 김명식에게 "당신은 사회주의자인가?"라고 직설적으로 물었는데, 그는 이렇게 답합니다. "그렇소. 나는 사회주의 사상을 연구하고 있고, 앞으로도 그러할 것이오." 자신이 사회주의자임을 용감하게 표명하면서 그의 이름은 더욱 세상에 알려졌지요.

이 재판에서 김명식은 징역 2년을 언도받고 함흥 형무소에 수감되는데, 건강이 나빠져서 몇 개월 있다가 풀려납니다. 고문 때문인지 형무소 사정이 나빠서였는지, 그는 징역을 사는 동안 이명증이 심해져서 거의 청각을 잃게 돼요. 사실 식민지 시대에 사회

《동아일보》 1922년 12월 27일자에 게재된 《신생활》 필화 재판의 피고인들 모습. 언론들은 조선 초유의 사회주의 재판으로 이 사건을 상세히 보도했다.

주의 운동을 한다는 것은 자기 몸이 망가지고 심지어 생명이 단축되는 것을 받아들여야만 가능한 일이었습니다. 유교적 지사 같은 사명감과 정신력이 없는 한 그 길로 들어서기 힘들었어요.

병 때문에 고생하던 김명식은 1920년대 말에 치료를 위해 오사카로 거처를 옮깁니다. 이곳에서 그는 조선에서 구할 수 없는 책들을 찾아 즐겨 읽었다고 해요. 식민지 지식인들에게 일본은 한편으론 몸이 상할 정도로 고문을 가하는 국가였고, 다른 한편으로는 조선에 없는 책을 구해 볼 수 있는 나라였지요. 그들에게 일본은 대단히 다층적이고 복잡한 심사를 불러일으키는 대상이었을 겁니다.

김명식은 오사카에서 어린 시절에 알고 지내던 친구 김문준金文準(1893~1936)을 만납니다. 같은 제주 출신으로 함께 제주공립농업학교를 다녔던 사이지요. 김문준은 재일조선인 노동 조직의 지도자 중 하나였는데, 김명식이 이 조직에 합류합니다. 그러다가 노동 투쟁에 연루되어서 1920년대 말까지 일본의 형무소에 갇히게 되고요.

다시 조선으로 돌아온 김명식은 경성에 머물다가 1931년 고향인 제주로 갑니다. 여기에서 많은 글을 쓰면서 원고료 수입으로 살아가요. 투쟁하면서 건강을 잃은지라 병 치료에 꽤 많은 돈을 들여야 했어요. 그럼에도 투쟁에 대한 열의는 여전히 높았고요. 그러다가 건강이 악화되어서 1943년에 쉰을 갓 넘긴 채 요절하고 말지요.

1929년 12월에 발행된 《별건곤》 24호에는 김용암 기자와 김명식의 대담이 실려 있는데요. 오사카에서 조선인을 접해본 적이 있느냐는 기자의 질문에 김명식은 이렇게 답합니다. "현재 오사카에는 동포로써 3천에 가까운 아편 중독자가 있다고 합니다. 더러 공원 같은 데 가면 마치 산송장 같은 동포들이 죽어가는 형상으로 방황하는 것을 많이 만났는데, 그 가련한 동포를 누구의 손에 맡길까 하고 생각하면 정신이 아득하여집니다. 물론 한편으로 죽이고 싶게 밉기도 하지마는 그러나 미워도 우리 동포, 고와도 우리 동포가 아닙니까?" 이런 말에서는 글 읽는 선비 된 사람이 백성에 대해 느끼는 책임 의식이 느껴지지요.

1920~30년대에 김명식은 매체 노출도가 굉장히 높은 인물이었습니다. 조선 최고의 명필 중 하나로 평가받았고, 그의 일거수

일투족이 신문에 보도되었어요. 그래서 이와 같은 그의 생생한 말들이 기록으로 비교적 많이 남아 있습니다. 상당히 흥미로운 사례이지요.

사회주의가 아직 도래하지 않았기에 민족 문제를 고민하며

김명식은 개인적으로는 인인지사仁人志士, 즉 나라를 잘 다스려서 백성을 편하게 할 뜻을 품은 사람이었습니다. 그러면서도 사회주의자였고, 근대 문제와 민족 문제를 같이 고민하는 사람이었고요. 우선 그가 사회주의자로서 민족 문제에 대해 고민한 지점들을 살펴보겠습니다.

「태평양회의는 어떻게 이용할까, 재만동포在滿同胞는 어떻게 해야 할까」(《동광》 26호, 1931년 10월)에서 김명식은 만주에 있던 조선인 문제를 다룹니다. 당시에 재만동포들은 중국과 일본 양쪽에서 이용과 박해를 당하고 있었습니다. 이들은 근대국가의 법률적 기준으로 보면 일본 국적자였어요. 그래서 중국 관료들은 이들을 일본 첩자로 오해하곤 했고, 중국 국적으로 바꾸지 않으면 만주에서 쫓아내겠다고 협박했지요. 반면에 일본은 재만동포들을 보호한다는 명분을 내세우면서 중국 침략을 가속화하려 했고요.

조선에서는 재만동포를 보호해야 한다는 목소리가 상당히 있었

만보산 사건이 벌어진 뒤 제작된 중국의 반일 포스터. 이 사건으로 조선과 중국의 민족 감정은 한층 악화되는 형태로 불거졌으며, 재만동포들의 생존도 더욱 위협을 받게 되었다.

는데요. 민족주의자들은 중국 관료들에게 박해받는 만주의 조선인들을 재在조선 화교를 포함한 중국인들이 책임져야 한다고 강력하게 주장합니다. 민족 감정을 촉발한 건데요. 그러다가 결국 1931년에 만보산(완바오산) 사건이 일어납니다. 중국 길림성(지린성)의 만보산 지역에서 조선인 농민과 중국인 농민 사이에 유혈 사태가 벌어진 거예요. 이 사건에 대해 재만동포 수백 명이 죽었다는《조선일보》의 오보가 나온 뒤, 조선인들은 그 신문을 들고서 조선에 살던 중국인들을 죽이겠다고 나섭니다. 일본 경찰들은 웃으면서 방관했고요. 그들이 원하던 게 바로 그런 분열이었으니까요.

이에 김명식은 민족주의자들의 중국인 책임론에 반대하면서 재만동포를 비롯해 중국에 거주하는 조선인들이 중국인들과 연대해서 반제국주의 운동을 펼쳐야 한다고 주장합니다. 이는 코민테른의 노선이기도 했지요. 당시에 일본, 유럽, 미국 등은 중국에서 치외법권을 갖고 있었는데 이 치외법권의 철폐 운동이 중요한 투쟁 과제로 대두됩니다. 중국의 국민당 정부도 이 운동에 가담하고 있었는데, 김명식은 조선인들이 여기에 연대해야 한다고 말한 거예요.

또 하나, 김명식은 중국에 있던 조선인을 염두에 두면서 '민족자치구'라는 개념을 구상합니다. 「민족생활구民族生活區의 의의」(《삼천리》, 1932년 2월)에 이에 대한 내용이 실려 있는데요. 그는 러시아어에 익숙지 않은 재러조선인들이 러시아 민족과 함께 일하면 능률이 떨어질 텐데, 이들이 자치구에서 조선어를 쓰면서 일할수 있어서 재능을 펼친다고 말합니다. 김명식은 러시아의 연해주에 조선인 자치구가 있다고 알았던 것 같아요.

그런데 실제로 연해주에 있었던 건 자치구가 아니라 조선인들이 국경 가까운 지역인 포시에트에 만든 여러 개의 자치촌이었어요. 이곳에서는 모든 행정 문서를 조선어로 작성했고, 교육도 조선말로 했지요. 러시아에서의 제 선생님들 중 몇몇이 이곳 출신이었는데, 그분들 회고를 들어보면 자치촌에서 자란 조선 청년들은 거의 러시아어를 몰랐다고 해요. 김명식은 이 자치촌을 자치구라고 여겼던 것 같은데, 행정적으로 본다면 구가 아닌 촌이었습니다. 그래서 재러조선인 출신의 남만춘이나 러시아를 중심으로 활동한 최성우가 자치구의 필요성을 지속적으로 제기하지요.

김명식은 사회주의가 실현되면 민족이 사라지리라고 믿고 있었지만, 그렇게 되기까지는 기나긴 과도기가 있고 그동안에는 민족 자치가 필요하다고 봤던 건데요. 이런 맥락에서 중국에 조선 민족 자치구가 필요하다고 말합니다. 1949년의 중국 혁명 이후 실제로 연변(옌볜)에 자치구가 만들어졌으니, 김명식이 예언자처럼 자치구의 필요성을 역설했다고 볼 수도 있을 겁니다.

그런데 김명식의 이러한 주장은 사회주의 진영에서 상당한 논쟁이 되었어요. 가령 부산 출신으로 원리·원칙적 사회주의자였던 박일형朴日馨(1905~?)은 중국인과 재만동포가 함께 반제국주의 운동을 해야 한다는 데 방점을 찍으면서 자치구는 필요 없다고 해요. 그에 반해 김명식은 중국인과 재만동포의 연대를 말하면서도 자치구가 필요하다고 본 것이고요. 과도기인 만큼 민족 문제를 해결하는 데 좀더 방점을 찍은 거지요.

그렇다면 김명식은 민족과 민족주의에 대해 구체적으로 어떤 입장을 취했을까요. 민족 개념에 대한 냉철한 분석과 민족주의에 대한 비판은 그가 조선 사회주의 운동사에 이론적으로 남긴 크나큰 공일 겁니다. 「조선 민족 기원의 문화적 고찰」(《삼천리》, 1935년 1월)에서 김명식은 "근대 민족은 자본주의의 산물이니 이제 근대 국가의 민족의식을 이해하지 못하면 민족 연구는 학리적 기초를 세울 수 없는 것이다"라는 말로 생각의 포문을 엽니다. 민족에 대한 그의 생각은 아주 분명했어요. 그에게 민족은 원시 시대부터 있었던 게 아니라 자본주의가 만들어낸 새로운 존재였습니다. 또한 조선인을 포함한 모든 민족이 다혼합 민족이라는 점을 강조하면서 단일 민족론을 배격하지요.

이처럼 민족을 정의한 뒤 김명식은 정인보鄭寅普(893~1950)나 안재홍安在鴻(1891~1965)이 말하는 단군 시대에 대한 과장된 주장을 반동적 복고주의로 규정합니다. 단군이 있던 원시 시대가 찬란했던 게 아니라, 원시 시대 이후로 계속 발전해서 고려나 조선 문화가 원시 시대 문화보다 훨씬 찬란했다고 말하지요. 이는 엄연한 사실일 테고요. 그러면서 문화 발전이 계급 사회의 잔혹성과 정비례한다는 재미난 주장을 덧붙입니다. 고대 그리스 시대에서는 정복 전쟁을 통해 많은 노예들이 생겼고, 그들이 만든 잉여로 문화가 찬란하게 꽃피었다는 거예요. 반면에 조선은 그만한 정복 전쟁을 하지 못했고, 그래서 그리스처럼 많은 노예를 부릴 수 없었던 데다가 조선의 노예들은 외국인이 아니라 조선인이었지요. 그러니 그리스에 비해 조선은 잉여가치가 덜 창출되었고, 그래서 찬란한 문화를 만들지 못했다는 주장입니다.

이때 김명식은 독일계 미국 학자 프란츠 보아스Franz Boas(1858~1942)의 이론에 기대 자신의 주장을 폅니다. 보아스는 근대 인류학에서 인종론의 종지부를 찍은 연구자입니다. 인종은 관념일 뿐 실제로 존재하는 것이 아니며, 인종 사이의 우열을 정하는 것은 비과학적라고 보았지요. 이런 보아스의 급진적 상대주의 이론에 힘입어 김명식은 민족의 우열을 비교하는 것이 비과학적이라고 말한 거예요. 또한 문화는 상대적이기에 한 민족의 문화가 다른 민족의 문화보다 위대하는 식의 주장은 성립하지 않는다고 보지요.

식민지 시대의 사회주의자라고 해서 좌파 서적만 읽은 건 아니었습니다. 김명식은 기본적으로 다양한 책들을 굉장히 많이 읽었고, 일본에서 접한 최신 학술서들도 그에게 상당한 영향을 미쳤어요. 급진적으로 근대를 개척해 나가기 위해 당시로서는 가장 참신한 학설이었던 프란츠 보아스의 이론을 예민하게 받아들이기도 한 것이고요.

김명식은 민족주의자들의 주장들에 대해 하나하나 반박하면서 광범위한 박학함을 보여준 지식인인데요. 「영웅주의와 파시즘, 이광수 씨의 몽夢을 계啓함」(《삼천리》, 1932년 3월)에서는 우파 민족주의 진영의 대표 격인 이광수를 비판합니다. 김명식은 무솔리니를 흉내 내지만 무솔리니가 되지도 못한 무능한 파시스트라고 이광수를 규정한 뒤, 그의 이순신李舜臣(1545~1598) 영웅화 작업에 대해 비웃음 섞인 말들을 쏟아놓습니다.

김명식은 왜군을 물리친 건 이순신이 아니라 거북선 덕분이며, 이는 당대 명나라와 조선의 기술 수준에서 비롯된 것이었다고 말합니다. 포르투갈에서 조총을 받아들인 일본은 이를 이용해 육지에서 승리할 수 있었는데, 바다에서는 조총이 힘을 쓰기 어려웠어

이광수가 이순신을 영웅화해서 그려낸 소설 「이순신」은 1931년 6월부터 1932년 4월까지 178회에 걸쳐 《동아일보》에 연재되었다. 이 작품은 1948년에 단행본으로 출간된다.

요. 반면에 바다에서의 무기라 할 수 있는 전선戰船 만드는 기술은 명나라가 우세했고, 이를 받아들인 조선이 바다에서 왜군을 이길 수 있었다는 거예요. 즉 이순신 때문에 싸움에서 이긴 게 아닌데 이광수가 이순신을 그토록 상찬하며 영웅화하는 건 문제가 있다는 거지요.

근대를 넘어서
도래하는 파시즘을 고민하며

근대 문제는 민족 문제와 함께 조선의 사회주의자들이 부단히 안고 가야 했던 사안이었습니다. 김명식은 「조선 부富 증감에 관한 검토」(《동광》 23호, 1931년 7월)에서 근대화를 논할 때 빗겨갈 수 없는 중요한 이슈인 식민지 시대의 공업화 문제를 논합니다. 우선 그는 조선의 부가 식민지 20년간(1910~1930년) 상대적으로 줄었으며, 절대량도 제자리걸음이라고 말해요. 조선총독부의 통계를 검토해본 뒤 지적한 것인데요. 조선인의 토지와 공업의 양은 늘지 않았고, 조선인의 토지가 일본인에게 넘어가고 있으니 조선의 부가 줄어든 것이지요. 김명식은 이런 지점을 이론화해서 기본적으로 식민지 치하에서는 조선 자본의 원시 축적이 정상적으로 이뤄질 수 없다고 진단합니다.

마르크스의 『자본론』에 의하면, 자본주의는 원시 축적으로부터 시작됩니다. 영국에서 초기 자본가들이 농민들의 부업을 끌어내 방직 사업을 벌인 뒤 그 산물을 팔아서 초기 자본을 축적해가는 것을 원시 축적이라고 하는데요. 이게 발전해서 초기 공업으로 이어지지요. 그런데 일본의 침략으로 조선의 농촌에서는 자본주의의 씨앗이 싹트지 못했고, 조선 자본가들이 정상적 원시 축적의 기회조차 얻지 못했다는 거예요. 그 대신 외래 자본이 조선에 이식되고 이들이 경제 침탈을 한다고 본 것이지요.

또한 김명식은 조선인 인구가 증가했는데 이들의 취업 기회는 그만큼 늘지 않아서 자본주의로의 이행이 결국 대다수의 빈곤화로 이어진다고 진단합니다. 요즘 말하는 '개발의 저개발화' 이론의 맹아적 생각을 했던 건데요. 제3세계의 저개발이 외부와의 관계에서 비롯된다는 주장을 펴는 종속론자들은 세계 체제에서 핵심부가 자본을 축적하는 만큼 주변부가 축적의 기회를 잃는다고 봅니다. 김명식의 주장은 이런 종속 이론의 초기 형태일 거예요. 결국 식민지 구조에서 명실상부한 근대화는 불가능하다는 주장이었지요.

이번에는 운동과 조직에 대한 김명식의 관점을 살펴보려 하는데요. 「합법운동과 비합법운동론 기정旣定 방침과 기타」(《삼천리》, 1932년 1월)는 김명식이 정치 조직을 어떻게 바라보았는지 살펴볼 수 있는 글입니다. 당시에는 검열 때문에 '공산당' 같은 말은 글에 쓸 수 없었습니다. 그래서 비합법적 지하 공산당은 '원칙적 조직', 합법적인 표면 단체는 '전략적 단체'나 '전술적 단체'라고 표현해요. 김명식은 어떤 단체도 지하 공산당의 표면 단체가 아니라면 의미가 없다는 주장을 펴요. 표면 단체들이 공산당의 뜻을 따라야 한다는 것이지요. 그만큼 그에게 공산당은 절대적 존재였어요. 그러니 코민테른의 노선을 따랐던 것이고요. 그럼에도 김명식은 조선공산당 재건 운동에 관여하지 않습니다. 사실 그럴 여지도 거의 없었어요. 서울파에 속해 있었다 보니 화요파나 ML파에서는 계속 코민테른에다가 김명식이 사회개량주의자가 되었다는 비난을 쏟아부었고요.

한편 당시에 사회주의 운동을 하던 이들 사이에서 좌우합작의 지속 여부가 문제로 떠오릅니다. 1927년 좌우익이 합작해 결성한 뒤 조선 민족의 정치적·경제적 해방과 독립을 위해 활동해온 신

《조선일보》 1927년 2월 17일자에 실린 신간회 창립대회장의 모습. 조선의 좌우합작 독립운동을 도모했던 신간회는 민족주의 진영과 사회주의 진영의 내분으로 창립 4년 만에 해체된다.

간회가 그 중심에 있었고요. 「협의회 조직은 어떠한 것인가」(《삼천리》, 1931년 7월)에서 김명식은 신간회의 해체를 적극 환영하는 입장을 표명합니다. 신간회가 프롤레타리아 운동의 헤게모니를 보장할 수 없는 조직인 데다가 부르주아들이 이 조직을 충분히 이용해 먹었으니, 이제 조직을 해체해도 된다고 본 건데요. 이는 민족주의자들과의 결별을 주장했던, 당시의 코민테른 노선을 따른 것이기도 합니다. 또한 이 글에서 김명식은 조선을 세계에 알리는 첫 운동으로 3·1운동을 거론한 뒤, 1920년대에 전개된 사회운동을 마르크스주의와 민족주의의 투쟁사라고 정리합니다. 사회주의자로서 민족 문제를 외면할 순 없지만 민족주의의 한계와 갈등도 드러내는 규정이지요.

조선 사회주의자 열전

그런데 코민테른 노선을 따르는 게 김명식에게는 좋지 않은 일이기도 했습니다. 코민테른에서 실수를 많이 했기 때문인데요. 1935년 전후까지만 해도 코민테른은 오래지 않아 자본주의가 망하리라고 봤습니다. 세계 대공황 시대이다 보니 그리 짐작한 건데요. 그렇게 볼 만한 근거가 없는 건 아니었지만, 문제는 지나친 낙관성이었어요. 코민테른은 세계 대공황이 세계 혁명으로 이어지리라고 굳게 믿고 있었는데, 실제로는 독일에서 세계 혁명이 아닌 세계 반동이 대두되면서 파시즘이 태동했지요. 코민테른이 급진 운동의 역량을 과도하게 낙관했던 거예요.

김명식은 유럽에서 파시즘의 발흥하자 이와 관련한 글들을 여러 편 발표합니다. 《삼천리》에 발표한 「입헌 영국의 파시즘 정변」 (1931년 10월), 「나치스 정권의 위기」(1935년 8월), 「의회 정치와 독재 정치」(1936년 1월) 등에서 그의 생각과 그 생각의 변화를 살펴볼 수 있는데요.

처음에 김명식은 파시즘을 금융자본의 독재에 따른 정치의 독재화라고 봤습니다. 사민주의는 사회 파시즘이라고 믿었고요. 이는 코민테른의 지도자 게오르기 드미트로프Georgi Dimitrov(1882~ 1949)가 했던 분석을 그대로 따른 것이지요. 그래서 독일 파시즘은 바이마르 시대 사민당의 개량주의 정치가 파산했음을 보여주는 증거라면서 개량주의를 비판합니다. 또한 1931년 영국에서 노동당의 램지 맥도널드Ramsey McDonald(1866~1937)를 수반으로 수립된 연립 내각까지 파시스트로 몰아붙입니다.

그런데 파시즘이 독일에서 성공하자 김명식은 이를 좀더 정교하게 들여다보기 시작합니다. 파시즘이 룸펜화된 중산계층을 기반으로 삼았고 이들이 상당한 역할을 했다는 것을 1935년쯤 깨닫게 돼요. 실제로 독일 나치당에는 중산계층이 많았지요. 김명식은 중산계층을 바탕으로 삼았던 나치당이 집권 뒤에는 금융자본에 유리한 정책을 추구하는 방향으로 나아갔다고 진단합니다. 코민테른의 교조주의적 분석에서 시작했다가 파시즘에 대한 좀더 정확한 이해에 다다른 것이지요.

하지만 일본군이 중국에서 승승장구하면서 주요 도시를 장악하고, 영국과 프랑스가 체코슬로바키아를 히틀러에게 내주는 것을 목도하면서 김명식은 1939년에 이르면 사실상 전향합니다. 아마도 그는 막다른 끝에 봉착한 자본주의의 위기 가운데서 도래한 파시즘이 한동안 세계를 장악할 테니, 이 상황에 불가피하게 적응해야 한다고 생각하면서 저항을 포기한 듯합니다.

이에 김명식은 '대동아 신질서 건설'의 구상을 받아들이지만, 그러면서도 영어 발음을 그대로 적어가며 일본에 "데모구라시" "고렉띄브" "휴매니즘"을 요구합니다(「동아협동체와 조선」,《삼천리》, 1939년 1월). 일본 아래에서 동아시아가 자본주의의 욕망을 억제하면서 민주주의와 공동체와 휴머니즘을 실현해야 한다고 주장한 것이지요. 또한 조선 경제가 완벽하게 일본 경제에 편입되면 내부 경쟁 때문에 조선 경제가 침체될 것이라고 경고합니다(「조선 경제의 독자성」,《조광》, 1940년 1월). 이런 식으로 그는 조선 민족의 해체론으로까지 나아가진 않아요.

한편 「서양 문명의 동점」(《조선일보》, 1939년 10월 31일)에서 김명식은 서양 문명의 실체를 과학 문명이라고 진단합니다. 그러면서 서양 문명이 동점했다기보다는 근대 자본주의의 과학 문명이 동점한 것이고, 과학 문명은 동양도 얼마든지 가질 수 있다고 말해요. 즉 동서양 개념을 해체시켜버리는 건데요. 이러한 논리로 그는 완벽한 전향을 피하면서 일본발 아시아주의에서도 빗겨갑니다. 이렇게 김명식은 일본의 정책을 드러내 비판하지 않으면서 근대적 합리성을 견지하고 마르크스주의에 대한 원칙이나 조선 민족의 독자성은 양보하지 않은 것이지요.

이러한 전향 문제는 이후 남한에서 그의 이름이 부활하는 계기가 되기도 했습니다. 2008년 민족문제연구소가 『친일인명사전』을 만드는 과정에서 수록 예정자 명단을 발표했는데, 거기에 그의 이름이 들어 있다가 빠졌습니다. 독립운동에 대한 기여로 1999년 남한에서 건국훈장 애국장을 받았던 사실이 참작되었지요. 그러면서 전향 관련 연구자들이 완벽한 전향은 아닐지언정 김명식 같은 경우를 별도로 눈여겨봐야 할 전향의 한 형태로 논의하게 되었고요.

사실 일제강점기의 전향에는 여러 층위가 있었습니다. 가령

《신생활》을 펴내면서 김명식과 함께 일했던 박희도는 일제 말기에 천황을 위해서라면 죽음도 불사해야 한다고 말합니다. 조선민족의 발전적 해체를 주장한 김문집이나 조선인도 야마토의 마음을 가져야 한다고 한 이광수도 그러한 부류인데요. 즉 이들은 완벽하게 전향한 경우입니다. 반면에 김명식은 현실을 인정하되 완벽하게 전향한 이들과는 결이 다른, 부분적인 전향을 한 경우이고요.

좌파의 한국적 버전은
어떻게 이어져 오는가

1916년경 김명식이 와세다대학에 다니던 시절 찍은 오른쪽 사진 속에는 한국적 근대의 기초를 다진 이들이 대거 등장합니다. 전근대 시절부터 한민족이 존재했다고 주장하면서 한국 국사학의 기초를 만든 이병도李丙燾(1896~1989), 해방 이후 고려대학교 초대 총장을 지냈으나 한국전쟁 때 납북된 조선 유교 역사의 연구자 현상윤玄相允(1893~?), 일본식 근대 어휘를 조선말로 받아들이면서 근대적인 문학을 만들어낸 이광수, 좌파의 한국적 버전을 만드는 데 앞장섰던 김명식과 김철수 등이 한 장의 사진 속에 있는 것이지요.

김명식은 자본주의에 대한 도덕론적 비판과 함께 복지국가론

1916년경 와세다대학을 다니던 조선인 유학생들. 김명식(뒷줄 왼쪽에서 두 번째)을 비롯해서 이병도(뒷줄 왼쪽에서 세 번째), 현상윤(뒷줄 오른쪽에서 세 번째), 이광수(가운뎃줄 왼쪽에서 두 번째), 김철수(앞줄 왼쪽에서 네 번째) 등 한국적 근대의 기초를 다진 이들이 한 장의 사진 속에 들어 있다.

에 기댄 국가적 개혁주의를 주장하는 등 급진적 근대주의자로 자신의 면모를 보이다가 사회주의자로 나아갑니다. 1917~20년 사이에 이러한 전환이 일어나는데, 당시의 조선에서는 상당히 선구적인 것이었지요. 일제 말기에 전향하긴 하지만, 그는 합리적이고 마르크스주의적인 세계관의 근본 프레임을 버리진 않았고요.

　사회주의자로서 그는 민족이 근대 자본주의의 산물이라는 민족 연구의 접근법을 조선에 대입해보는 논리 정연한 논문들을 발표합니다. 당대 민족주의의 거두인 이광수와도 거침없는 논쟁을 벌이며 마르크스주의적인 민족주의 비판론을 대중화시키지요. 그리고 식민 치하에서 명실상부한 자본주의의 발전은 불가능하다는 주장을 폅니다. 파시즘의 발생 과정을 비롯해 그 과정에서 주변화한 중산계층과 금융자본의 역할, 근대 자본주의의 내재적 진화 논리와 파시즘 사이의 관계 등도 정밀히 연구하지요.

김명식이라는 존재는 오랫동안 남과 북에서 망각되었습니다. 하지만 그의 글을 읽은 이들이 차후 남북을 이끄는 지식인 집단의 일부가 되었으며, 그가 닦아놓은 한국적 좌파의 명맥은 초기의 북한을 비롯해 남한에도 가녀리게나마 영향을 미쳤습니다. 가령 북한에서는 1950~60년대만 해도 민족을 혈통 개념으로 보지 않았어요. 사회주의의 자장 안에 있던 이들이 민족을 넘어선 공동체에 대한 이해의 틀을 제시했던 거예요. 혈통을 민족의 정의에 추가한 것은 1970년대이지요. 비록 김명식은 요절했지만, 그와 같은 이들 덕분에 오늘날 우리는 현실을 냉철하게 분석하되 또 다른 세상을 꿈꾸는 게 가능했을 겁니다.

남만춘과 김남겸

조선과 러시아의 경계에서
사회주의를 꿈꾼 디아스포라들

▼ ▼ ▼

1925년 4월 경성의 지하에서 조선공산당이 결성되었을 때 이를 조직한 핵심 분파는 화요파였습니다. 이들은 화요일에 태어난 마르크스를 기리며 화요회火曜會라는 조직을 만든 뒤 활동한 사회주의자들이었는데요. 이번에 살펴볼 이들은 이 화요파의 멘토 역할을 했던 이르쿠츠크파 고려공산당의 주요 활동가, 남만춘과 김만겸입니다. 화요회는 이르쿠츠크파 고려공산당의 국내 조직이었고, 이들과 연락을 주고받으면서 상당한 영향을 받았습니다. 그만큼 남만춘과 김만겸은 조선공산당을 만드는 데 기여를 했고, 이들의 조선에 대한 인식은 조선의 정통 사회주의 운동에 골자가 되었습니다. 이들의 인식이 어떻게 형성되었는지 살펴보면 조선 사회주의자들의 원형도 파악할 수 있지요.

화요파의 핵심 활동가들은 대개 국내에서 민족운동을 벌이다가 3·1운동을 계기로 일본, 중국, 러시아에 가서 유학 내지는 투쟁의 경력을 쌓은 뒤 귀국해 국내 공산당 조직을 만들었습니다.

즉 이들은 국내 출신 활동가들이었어요. 화요파에 결정적인 영향을 미친 이르쿠츠크파 가운데도 국내 출신이 있었습니다. 마르크스의 『공산당 선언』을 한국어로 처음 옮겼으며 해방 이후까지 활발하게 활동하다가 암살된 여운형이 한때 이르쿠츠크파의 대표적인 활동가였지요. 변호사로 일하면서 의병 운동에 관여했고, 상해에 가서 이르쿠츠크파 고려공산당 창립에 참여한 안병찬安炳瓚(1854~1921) 역시 관록 있는 운동가였고요.

하지만 이르쿠츠크파의 핵심 멤버들은 조선인이면서도 조선인이 아닌 이들, 바로 재러조선인 2세들이었습니다. 조선과 러시아는 1884년 조러통상수호조약을 체결하고 수교를 맺는데요. 이 조약은 조선이 자국 국적자를 포기함으로써 조선인이 다른 나라로 국적을 옮기는 것을 인정한 최초의 조약입니다. 일반적인 전근대 동아시아 국가라면 납세자를 포기하지 않으려 하는 법인데, 근대적 외교 관계를 맺으면서 조선은 이 조약 체결 이전에 러시아로 이주한 이들을 내쳐버려요. 일찌감치 러시아로 이주했다가 그곳에서 양민의 지위를 얻으면서 국적을 받고 토지도 분배받은 이들을 원호原戶라고 하는데요. 남만춘과 김만겸은 원호 2세들이지요.

1905년 러시아에는 10만여 명의 조선인 이민자들이 살고 있었는데, 그중 5분의 1정도가 원호였습니다. 자기 땅이라도 있는 원호는 그나마 중농 정도는 되었고, 이들은 자녀를 학교에 보낼 수 있었지요. '여호餘戶'라고 하는 나머지 이민자들은 러시아 국적도

남만춘(왼쪽)과 김만겸(오른쪽). 이들은 러시아로 이주한 원호 2세로 러시아와 조선의 언어와 문화에 모두 익숙했으며, 한국 최초의 디아스포라 지식인으로 사회주의 운동에 복무했다.

받지 못하고 토지 분배 대상에서도 제외된 채 가난한 소작농으로 살았고요.

원호 2세들은 이중 문화, 이중 교육, 이중 인식의 세대입니다. 이들은 러시아 교육을 받으면서도 서당에 다니는 식으로 러시아와 조선의 언어와 문화를 모두 접할 수 있었습니다. 연해주 한인·사회의 지도자로 활약하다가 스탈린 시대에 숙청된 한명세韓明世(1885~1937), 프룬제 군사 아카데미에서 공부한 뒤《말과 칼》이라는 군사 잡지를 발행했던 오하묵嗚夏默(1895~1937), 연해주에 있던 한인 빨치산 단체들을 통합했던 최고려崔高麗(1893~1960?) 모두 이르쿠츠크파의 핵심 멤버들이자 원호 2세들이었어요. 이들의 부모는 1860~80년대에 러시아에 와서 국적을 받았고, 이들은 러시아에서 학교를 다닌 뒤 사회운동에 뛰어들었습니다. 말하자면 한국 최초의 디아스포라 지식인들이지요. 러시아와 조선에 걸쳐 있는 전형적인 접경인들이었고요.

러시아로 간 한인 2세들, 소수자 지식인으로 성장하다

남만춘은 조선 국경과는 꽤 떨어진 러시아 극동부의 블라고슬로벤노예에서 태어났습니다. 아무르강(흑룡강)을 끼고 있는 지역으로, 조선인의 기획 이주로 건설된 한인촌이었는데요. 이곳에 터를 잡은 조선인들은 넉넉하게 토지를 분배받았습니다. 1890년에 1003명의 조선인이 거주했는데, 한인 학교가 3개나 있는 등 학교도 잘 정비되어 있었지요. 그래서 이곳 학생들은 조선어와 러시아어를 모두 배울 수 있었습니다.

김만겸은 연해주 블라디보스토크 근방의 부르시예Brusye 마을에서 태어났는데, 여기도 원호들이 주로 거주한 곳입니다. 부르시예에서는 러시아 정교회 신부들이 학교를 운영했는데, 조선인에게 세례를 주고 교육을 하면서 이들을 러시아 국민으로 키워냈습니다. 그런데 이 학교에 다니던 조선인 학생들은 러시아식 신앙을 받아들이고 공부를 하면서도 조선어를 별도로 배웠어요. 전

블라디보스토크의 러시아 정교회가 운영하는 학교에서 초등교육을 받는 한인 아이들. 이런 학교들은 조선인을 러시아 국민으로 키워내는 것을 목표로 삼으면서 학생들에게 세례를 주고 교육을 했다.

형적인 이중 정체성을 가진 이들로 성장했지요. 김만겸과 남만춘 모두 원호 2세 출신이었으니 태어나면서부터 러시아 시민권을 받았고요.

남만춘의 집안은 블라고슬로벤노예의 한인촌 거주자답게 비교적 여유 있는 중농이었습니다. 게다가 그의 아버지 남창석南昌錫은 러시아어를 잘 구사했던 덕분에 러일전쟁 때 러시아군의 통역 일을 하면서 꽤 돈을 벌었어요. 남만춘은 태어나자마자 바로 러시아 정교회의 세례를 받았고, 아버지는 니키포르 남Nikifor Nam, 자신은 파벨 니키포로비치 남Pavel Nikiforovich Nam이라는 러시아 이름과 부칭도 있었습니다. 이렇게 이중 언어를 자유롭게 쓰는 분위기에서 성장한 건데요. 그래서 그는 러시아인과 다를 바 없이 러시아어를

고학생 남만춘이 다녔던, 1871년에 설립된 블라고베셴스크 신학교. 이곳에서 그는 지하 서클에 가입해 활동하며 《이스크라》를 읽는 등 혁명 사상을 접하게 된다.

구사할 수 있었고, 러시아인들에게 그는 소수민족 출신 러시아인 으로 인식되었습니다.

그런데 남만춘의 부모님이 사실상 별거에 들어가면서 집안 사 정이 어려워져요. 1910년 남만춘은 블라고베셴스크로 이주한 뒤 신학교에 들어가 고학을 하게 됩니다. 1903년부터는 부모님을 대 신해 형제자매들까지 책임져야 했고요. 당시에 신학교는 학비 없 이 다닐 수 있어서 가난한 학생들이 많이 몰려들었는데요. 거의 같은 시기에 비슷한 사정 때문에 신학교에 들어간 또 다른 소수 민족 출신 학생이 있습니다. 조지아 출신의 이오세브 주가슈빌리 Ioseb Jugashvili, 러시아 이름으로 말하면 이오시프 스탈린이지요. 가 난한 구두장이이자 알코올중독자인 아버지 밑에서 자라다가 자 신이 갈 수 있는 유일한 학교였던 신학교에 들어간 건데요. 소련

조선 사회주의자 열전

시대의 비밀경찰 체카Cheka를 창설한 것으로 유명한 사회주의 운동가 펠릭스 제르진스키Felix Dzerzhinsky(1877~1926) 역시 몰락 귀족 출신으로 신학교에 다니면서 공부를 했습니다.

고학생들의 소굴이었던 신학교에는 사회에 불만 있는 이들이 가득했고, 그러다 보니 자연스럽게 지하 서클이 생겨났어요. 남만춘은 경제적 어려움과 신학교라는 환경 덕분에 일찌감치 혁명 사상을 접할 수 있었습니다. 그는 신학교에서 《이스크라》를 돌려 읽었다고 해요. 《이스크라》는 레닌을 중심으로 한 러시아 망명 혁명가들이 스위스와 독일에서 발행한 뒤 불법으로 러시아에 유통되고 있었는데요. 그 신문이 머나먼 블라고베셴스크까지 유입되어서 조선인 학생의 손에 들어간 것이지요.

그렇다면 그사이에 김만겸은 어떻게 지냈을까요? 남만춘에 비해 김만겸의 가정 형편은 훨씬 나았습니다. 그는 1906년 블라디보스토크 고등학교를 졸업한 뒤 신한촌 한인 학교에서 교편을 잡습니다. 그러면서 자연스럽게 블라디보스토크 조선인 사회의 젊은 유지로 망명객들의 조직 사업에 편입돼요. 1910년 블라디보스토크에서는 이상설李相卨(1870~1917), 이범윤李範允(1856~1940)을 비롯한 유명 망명객들이 성명회聲鳴會라는 단체를 조직합니다. '한일합방'의 불법성을 타국에 알리는 선언문을 발표하고 외교 독립론에 입각한 독립운동을 펼치는데요. 김만겸은 막내로 이 단체에 합류하게 됩니다.

김만겸은 무난하게 고등교육을 받은 뒤 조선의 유명 망명객들과 함께 민족주의 운동을 벌이다가 사회주의 운동으로 넘어간 경우인데요. 남만춘이 다니던 블라고베셴스크 신학교에는 조선인이 거의 없었으니 그에게는 민족주의적 배경이 끼어들 여지가 없었습니다. 신학교에서 일찌감치 지하운동을 접한 그는 학교를 그만둡니다. 이후 치타로 가서 1910년 일반 고등학교에 편입한 뒤 1914년까지 학교생활을 해요. 남만춘이 만나진 못했겠지만, 당시에 치타에 머물던 유명한 인물이 있습니다. 조선의 젊은 작가 이광수가 1914년 이곳에 몇 달 체류하면서 그와 관련한 글을 남기기도 했지요.

남만춘이 다닌 치타의 고등학교에도 꽤 큰 규모의 지하 서클이 있었습니다. 당시의 러시아는 제1차 러시아혁명을 거친 뒤 제2차 러시아혁명을 향해 나아가고 있었고, 많은 주변부 지식인들이 혁명을 대세라고 보고 있었어요. 청년 지식인들에게도 지하 활동은 거쳐야 할 통과의례처럼 인식되었고요. 블라고베셴스크에 비하면 치타는 좀더 큰 도시였기 때문에 공장도 꽤 있었습니다. 10대 후반의 청년 남만춘은 혁명적 지하 서클에 열성적으로 참여하면서 현지 노동자 파업에 연대하다가 경찰서에 잡혀가는 등 상당히 험난한 고등학교 생활을 했습니다. 젊은 운동권 남만춘은 이렇게 성장해 나갔지요.

일제 강점, 세계대전 그리고 혁명,
그 회오리바람 치는 시대를 넘나들며

1910년 조선이 일본과 강제로 병합되자, 연해주에서는 이 사건이 큰 이슈가 됩니다. 러시아로서는 이제 5년 전 전쟁을 벌였던 나라인 일본과 국경을 마주하게 된 것이지요. 그러면서 조선에 대한 관심도 상당히 커져요. 러시아어를 자유롭게 구사하면서 조선에 대해서도 잘 아는 이들이 필요했던 시기예요. 당시에 연해주의 동양대학(오늘날의 극동연방대학)에는 조선과가 있었습니다. 하지만 조선말을 제대로 구사할 줄 아는 사람은 그 과 교수들밖에 없었어요. 그러니 연해주 사회에서 조선의 사정을 가장 쉽게 알 수 있는 사람들은 바로 재러조선인 2세들이었습니다.

김만겸은 언어 능력이 출중했는데요. 러시아어로 쓴 그의 글을 보면 모어 수준 이상으로 완벽합니다. 거기에다가 조선어도 구사했고, 중국어도 잘했던 디아스포라적인 국제인이었어요. 그런 덕분에 김만겸은 1910년 《달냐야 오크라이나Dalnyaya okraina》라는 신문의 특파원으로 경성에 파견됩니다. 이반 스테파노비치 세레브랴코프Ivan Stepanovich Serebryakov라는 이름으로 러시아 여권을 발급받았는데, 그의 러시아 이름은 상당히 재미있습니다. 세레브랴코프 Serebryakov에서 '오프ov'는 누군가의 아들이라는 뜻이고, '세레브로 serebro'는 은銀을 말합니다. 김金이라는 성, 즉 금과 대비되게 은을 뜻하는 러시아어를 가져와서 러시아 이름을 만든 것이지요.

김만겸은 연해주에서 기선을 타고 부산까지 간 뒤, 경부철도를 타고 대전을 거쳐 경성에 도착합니다. 그는 아관俄館, 즉 러시아 영사관에 가서 등록을 하고 종로에 방을 얻고서 2년간 조선에 체류해요. 귀화 조선인이 러시아 기자 신분으로 경성에 살면서 러시아 독자들에게 식민지 조선의 풍경을 전한 겁니다.

그렇다면 당시의 김만겸은 어떤 생각을 했고, 어떤 글을 써서 러시아 신문사로 보냈을까요. 그가 블라디보스토크에서 성명회 활동을 하며 만났던 이들은 구한말 민족주의자들로 사회진화론을 주장했는데, 그 역시 예외가 아니었습니다. 김만겸이 보기에 일제 강점은 일종의 업보였습니다. 조선 왕조의 무능, 양반의 무사안일과 부패, 농업 위주 정책과 상공업의 경시 등이 결국 조선의 국력을 약화해서 일제 강점의 원인을 제공했다고 본 것이지요. 조선이 약육강식과 적자생존의 드라마에서 희생된 데는 내부에 원인이 있으니 자기 자신을 먼저 탓해야 한다고 본 건데요. 그러면서도 김만겸은 '일본의 통치가 진보이자 문명인가'라는 질문을 던진 뒤 이를 부정하는 이야기들을 계속 꺼냅니다.

그가 경성에 있던 1911년에 조선을 떠들썩하게 한 105인 사건이 벌어집니다. 조선총독부가 민족운동을 벌이던 이들에게 데라우치 마사타케寺内正毅(1852~1919) 총독의 암살 미수 혐의를 뒤집어씌운 뒤 이들을 감옥에 보낸 사건입니다. 이때 몇몇은 고문을

105인 사건은 일본이 1911년 서북 지역의 민족운동을 말살하기 위해 날조한 사건이다. 이 사진은 활동가들을 경성으로 압송하는 모습이며, 이들은 모진 고문을 받았고 몇몇은 죽기도 했다.

당해 죽기도 하지요. 당시의 러시아는 민주주의 혁명을 거친 입헌 군주제 사회였고, 사람들이 고문받아 죽는 일이 벌어지는 곳은 이미 아니었어요. 그렇다 보니 이 사건은 러시아 사람들에게 꽤나 충격을 주었습니다.

김만겸은 「조선으로부터의 통신」이라는 글을 통해 조선에서 벌어진 105인 사건을 비롯해서 각종 신문의 폐간 소식을 러시아에 전합니다. 그는 일본이 조선에 근대적인 공업과 법을 도입한 점, 조선에 거주하는 일본인들의 독서 열기가 높은 점 등을 호의적으로 봤어요. 하지만 105인 사건을 예로 들어가며 일본의 통치가 문명의 껍질을 가졌을지언정 실제로는 고문과 밀정으로 유지되는 중세적 폭력 통치라고 강하게 비판합니다. 근대적인 기계 문명과 전근대적인 정치가 결합한 식민 통치의 이중성을 지적한 것이지요. 그러면서 그는 일본의 무단통치가 독립운동의 분출을 촉진할 것이며, 조선이 중국, 인도와 함께 아시아 독립 및 진보 운동의 대열에 합류하리라고 예측합니다.

한편 1911년에 신해혁명이 일어나자 김만겸은 재외 민족주의자들이 언젠가는 자주적 근대화를 이끄는 민족 혁명에 복무할 수 있겠다는 희망을 품었어요. 쑨원孫文(1866~1925)이나 황싱黃興(1874~1916) 같은 신해혁명의 지도자들이 해외 유학과 체류의 경험이 있고 디아스포라의 지원을 받는 공화주의적 정치인이었다는 점이 그를 자극했을 겁니다.

신해혁명 직후 김만겸은 인천의 지나촌, 즉 차이나타운을 관찰한 뒤 기사를 씁니다. 혁명을 경험한 인민으로서 인천 거리의 중국인들이 위풍당당한 표정을 짓고 있다며, 이들의 신해혁명에 대한 열렬한 반응을 전하지요. 중국인들의 분위기를 조선의 암담한 분위기와 비교하면서, 조선에서도 언젠가 이러한 운동이 일어나리라는 기대를 표명하고요. 하지만 김만겸은 조선총독부로부터 민족운동가라는 의심을 사기 시작하고, 결국 1912년 퇴거를 당해 블라디보스토크로 돌아갑니다. 2년간 열심히 러시아 신문에 기사를 써 보내다가 쫓겨난 것이지요.

러시아로 돌아온 김만겸은 블라디보스토크 신한촌에 만들어진 민족주의 이념 조직 권업회勸業會의 일을 맡습니다. 권업회는 공식적으로 러시아의 허가를 받은 조선인 단체로, 공업 진흥을 뜻하는

'권업'이라는 이름에서 짐작할 수 있듯이 조선인의 산업 활동을 돕고 친목을 도모하겠다는 명분을 내건 곳이었어요. 실제로는 망명객들이 차후 분위기가 형성되면 조선으로 진출해 일본과 싸우겠다며 준비를 하던 곳이었지요. 독립운동 단체이면서 문화 단체이기도 했는데, 김만겸이 여기에서 활동한 거예요.

권업회에서는 《권업신문》을 발행했는데, 블라디보스토크 동포들이 특별히 모신 이 신문의 논설위원이 바로 조선의 유명 논객 신채호申采浩(1880~1936)였습니다. 그전에는 장지연張志淵(1864~1921)도 논설위원으로 있었고요. 《권업신문》은 당시로서는 변두리였던 블라디보스토크에 조선의 명망 높은 논객을 불러와 활력을 불어넣으려고 했는데, 그 덕분에 김만겸이 신채호를 만나게 되지요.

한편 1914년에 제1차 세계대전이 발발하자 남만춘은 곧바로 징집 대상이 됩니다. 당시에는 러시아 전체 인구의 70퍼센트가 문맹이었고, 중등교육 이상을 받은 이들은 1퍼센트 미만이었습니다. 그래서 러시아 당국에서는 중등교육을 받은 이들을 속성으로 하급 장교로 육성한 뒤 바로 전선으로 내보냈어요. 남만춘은 러시아 국적자였고 중등교육까지 받았으니 이 코스에 편입되었는데요. 1914년에 그는 1년간 키예프 군관학교에서 장교 교육을 받은 뒤 소위로 임관했고, 1917년까지 시베리아 옴스크에 있는 후방 부대에 복무합니다. 가장 전투가 치열했던 러독전쟁 전선을 피해

배치된 경우이지요.

옴스크에서 군 복무를 하던 1915년 12월, 남만춘은 타이시야 마르코브나 이드키나^{Taisiya Markovna Idkina}라는 러시아 여성과 결혼합니다. 흥미롭게도 이 여성의 아버지는 흑백인대^{黑百人隊} 출신이었어요. 흑백인대는 유대인과 혁명가를 암살하던 반혁명 테러 조직인데요. 남만춘이 그런 보수적인 집안에서 자란 아내를 교화시켰다고 하지요.

김만겸은 본인이 교편을 잡았던 학교의 제자이자 한인 이주민 여성 지나이다 그리고리예브나 김^{Zinaida Grigorievna Kim}과 결혼하는데요. 보수적인 조선인 사회에서는 흔치 않은 일이었습니다. 당시에 러시아에서는 진보적인 교육운동가들이 남녀공학을 주장했는데, 한인 학교가 이미 남녀공학이었던 점도 상당히 눈여겨볼 만한 대목입니다.

김만겸 역시 러시아 국적자였던 만큼 징집 대상이었는데요. 그러나 그는 국경수비대 대장에게 고용되어 1912~17년까지 정말 운 좋게 연해주 수비대의 조선어 통역 일을 하면서 현역 징집을 면합니다. 남만춘이 고학을 하고 지하운동을 하다가 잡혀가고 군대에 끌려가는 동안, 김만겸은 경성에 특파원으로 파견되고 권업회 활동을 하고 징집도 피하면서 고급 지식인으로 살아가지요.

당시에 일본 영사관에서는 블라디보스토크의 조선 지식인들을 면밀하게 추적하고 있었습니다. 일본 경찰 문서에 따르면 권업회

조선 사회주의자 열전

에서 김만겸은 온건파에 속했어요. 이동휘를 중심으로 한 권업회의 망명객들은 힘을 키워 군대를 만든 뒤 조선에 진출해 독립 전쟁을 벌여야 한다고 주장했고요. 김만겸은 재러조선인의 역량을 키우고 산업을 육성하면서 교육에 치중하자는 현실적인 노선을 피력합니다. 독립 전쟁 준비론자 이동휘와 교육 입국론자 김만겸은 차후에 모두 사회주의자가 되어서 운동 노선을 두고 갈등하게 되는데요. 조선의 지식인들이 민족주의자에서 사회주의자로 급진화하기 전에도 이런 입장 차이를 보인 거예요.

한편 1917년 제2차 러시아혁명이 일어나자 옴스크에 있던 남만춘은 동부 전선으로 차출됩니다. 3년간 전쟁이 이어지면서 병사들은 정신적으로 피폐해 있었고 장교들에 대한 증오심도 가득한 상태였는데요. 혁명 이후 사병들은 악질 장교를 처단하겠다며 산 채로 이들을 불태워 죽이기도 했는데, 소수자 출신에다가 지하조직을 경험한 남만춘은 이들을 인간적으로 대해준 덕분에 살아남습니다. 사병들 사이에서 연대위원회 위원으로 선출되기도 하고요. 그러다가 전투에서 부상을 당해 예편한 뒤 1918년 이르쿠츠크로 돌아갑니다.

그런데 일이 꼬이기 시작합니다. 이때 때마침 알렉산드르 콜차크Aleksandr Kolchak(1874~1920) 제독이 시베리아에서 쿠데타를 일으키고 반혁명 군대를 만들면서 예편 장교인 남만춘에게 징집 통지서가 날아듭니다. 강제 징집을 피할 수 없었던 그는 결국 백군白軍

연해주에서 한창걸이 이끌던 조선인 빨치산 부대. 이들은 1920년부터 올가 지역을 중심으로 백군과 대규모 전투를 벌였는데, 남만춘이 이들과 볼셰비키 사이를 연결해주는 일을 맡기도 했다.

에 끌려가서 우랄총병대 제7연대에 배치돼요. 적당히 복무하다가 1920년 1월에 탈영하지만요.

그렇지만 백군에 잠시 몸담았던 이력은 혁명가로서 남만춘에게 두고두고 아킬레스건이 됩니다. 혁명을 거친 러시아는 이분법 사회여서 백군에 잠시나마 있었던 게 일종의 주홍 글씨였던 거예요. 그래서 남만춘의 천적이었던, 이동휘를 비롯한 상해파 사람들은 그에게 콜차크 장교였다는 딱지를 붙이며 줄곧 그를 공격했습니다. 상해파와 이르쿠츠크파의 싸움은 굉장히 험악했고 양쪽은 서로를 일제 간첩이라고 모함하곤 했는데, 남만춘의 이 약점이 비난의 근거로 쓰인 것이지요.

남만춘은 백군에서 탈영한 뒤 이르쿠츠크에 오자마자 붉은 군대, 즉 적군赤軍에 합류합니다. 당시에 볼셰비키는 2천여 명의 병사를 모아 제3인터내셔널 제1국제사단을 조직했는데요. 이에 가담한 이들은 대다수가 조선인과 중국인이었습니다. 볼셰비키로서는 너무나도 고마운 협력자였는데, 남만춘은 조선어를 잘 구사하면서 중국어도 할 줄 아는 인재여서 이 부대의 참모본부장으로 일하게 됩니다. 그렇게 러시아 내전에 참전하게 되면서 그는 고속 출세의 발판을 마련하지요. 또한 적군이 장악하지 못한 지구에서 대규모 전투를 벌이던 한창걸韓昌傑(1892~1938)의 유격 부대를 볼셰비키와 연결하는 일도 이때 맡습니다.

볼셰비키와의 만남, 고려공산당과 조선공산당의 조직

남만춘이 이러저러한 군대에 끌려 다니는 동안, 김만겸은 한인 학교 교사로 생업을 유지하면서 꽤나 순탄하게 지식인으로서의 이력을 쌓아 나갑니다. 제2차 러시아혁명이 일어난 직후인 1917년 5월, 김만겸은 조선인들도 이 열기에 동참해야 한다는 분위기가 형성되면서 소집된 전로한족대표자회全露韓族代表者會에 참여합니다. 또한 러시아에 거주하는 조선인을 위한 신문이 필요하다는 문제의식을 바탕으로 1917년 창간된 《청구신보》의 편집인을 맡아요. 《권업신문》을 내봤던 경험도 있고 경성 특파원으로 기자 생활도 해봤던 그가 새로운 조선인 신문의 편집인으로 발탁된 건데요.

권업회 시절에는 막내였던 그가 이제는 중진 활동가로 인정받기 시작한 겁니다. 그러면서 1919년 3·1운동이 일어나자 그는 「독립선언서」를 입수해 러시아어로 번역을 하고 이를 옹호하는 글을 발표합니다.

하지만 이런 활동도 잠시, 1918년 일본이 시베리아 출병을 단행하면서 연해주를 점령하자 김만겸은 수배를 당해 지하로 숨어듭니다. 그는 권업회 시절부터 일본 경찰의 주요 사찰 대상이었으니 일본군에게 잡히면 죽은 목숨이었어요. 연해주에서 독립운동의 중심에 있던 최재형崔在亨(1860~1920)이 이때 죽음을 당하는데요. 1920년 4월 4일, 일본군이 신한촌에 대대적인 테러를 가했을 때 끔찍한 악형을 당하고 사망했다는 게 정설입니다. 김만겸도 일본군에 잡혔더라면 그런 신세가 되었을 거예요.

그래서 신분 세탁을 하고 지하로 들어가야 했는데, 이때 김만겸에게 도움을 준 게 바로 볼셰비키였습니다. 볼셰비키로서는 김만겸 같은 다국적 지식인이 필요했던 건데요. 이때 그는 지하에서 항일운동을 하면서 러시아공산당에 가입하고 민족주의자에서 사회주의자로 정체성을 바꾸면서 급진화합니다.

한편 볼셰비키의 국제사단에서 활약한 덕분에 남만춘도 꽤나 빨리 출셋길에 들어섭니다. 그는 1920년 러시아공산당에 들어간 지 몇 개월 지나서 이르쿠츠크 지역당의 소수민족 사업부 부장이 돼요. 공장이 많지 않은 지역에서 소수민족은 큰 힘이 되어주었기

1919년 일본에서 제작된, 러시아의 블라디보스토크 침략을 묘사한 석판화. 그러나 대규모 병력을 시베리아에 파병한 일본군은 1922년 결국 이 땅에서 물러나고 만다.

에 볼셰비키에서는 소수민족 사업부를 매우 중시했어요. 남만춘은 그런 조직의 간부가 된 것이지요. 여기에서 그는 조선인을 비롯해 중국인, 부랴트Buryat족 등 다양한 주변인들을 위한 사업을 펼칩니다.

그런데 김만겸은 그리고리 보이틴스키Grigori Voitinsky(1893~1953)와 만나면서 남만춘보다 더 빠른 출셋길에 들어섭니다. 러시아 오데사 출신의 유대계 혁명가 보이틴스키는 그전까지 미국과 멕시코 등지에서 혁명 활동을 벌였는데요. 그는 볼셰비키의 중요한 공작 대상이었던 중국의 사업 책임자가 됩니다. 그의 가장 중요한 임무는 볼셰비키가 포섭하고 있던 중국 국민당 분파를 총망라한 뒤 새롭게 공산당을 조직하는 일이었어요. 그런데 그가 서구 언어는 상당히 여럿 구사할 수 있었지만, 중국어도, 일본어도, 조선어도 할 줄 모르는 게 문제였습니다. 그러던 보이틴스키가 상해로 들어가기 전에 블라디보스토크에서 김만겸을 만난 거예요. 김만겸은 '세울로프Seulov', 즉 서울 사람이라는 새로운 가명을 부여받고 보이틴스키의 보좌관이 되어 그의 중국행에 동행하게 되지요.

이때 김만겸에게 몇 가지 과업이 떨어집니다. 우선 북경대학 마르크스주의 서클에서 활동하던 천두슈陳獨秀(1879~1942), 리다자오李大釗(1889~1927) 등과 관계를 형성한 뒤 이를 기반으로 중국공산당을 만드는 작업을 합니다. 또한 상해에 있던 조선인 망명객을 모아 조선공산당을 조직하고, 일본공산당을 만들기 위한 기초 작업도 진행해요.

당시에 상해에는 이동휘, 여운형, 안병찬 같은 망명객들이 있었는데요. 1920년 김만겸은 이들과 함께 재상해 고려공산당을 만듭니다. 1918년 시베리아 망명객들은 한국 최초의 사회주의 정당인 한인사회당을 창당하는데요. 재상해 고려공산당은 한인사회당 이후 만들어진, 상당히 이른 시기의 사회주의 조직입니다. 박헌영, 허정숙, 김단야金丹冶(1899~1938)처럼 향후 조선 사회주의 운동의 한 축을 담당할 이들이 이곳에서 정치 공부를 하며 사회주의자로 성장해 나가지요.

그런데 오래지 않아 재상해 고려공산당은 조직이 분열됩니다.

1921년 1월에 이동휘를 중심으로 김립金立(1880~1922), 계봉우桂奉禹(1880~1959), 김철수 등이 상해파 고려공산당을 만들며 떨어져 나가요. 이동휘가 상해임시정부에서 초대 국무총리를 지내고 있어서 그 이름이 상해파가 되었습니다. 반면 이들에게 불만을 품었던 여운형, 안병찬 등이 원호 2세인 김만겸, 남만춘, 한명세, 오하묵, 최고려 등과 함께 이르쿠츠크파 고려공산당을 만듭니다. 이들은 1921년 5월 이르쿠츠크에서 창당대회를 열어서 이런 이름이 붙게 되지요.

1925년 경성에서 만들어진 조선공산당은 이르쿠츠크파의 국내 조직인 화요회를 주축으로 결성되었고, 이들이 한국 정통 사회주의 운동의 중핵이 됩니다. 이르쿠츠크파의 국내 조직으로 화요회가 있었다면, 상해파의 국내 조직으로는 서울청년회가 있었는데요. 해외에서 이르쿠츠크파와 상해파로 분열된 씨앗이 국내에서는 화요회의 화요파와 서울청년회의 서울파로 이어지게 됩니다.

그렇다면 이들은 왜 분열했던 걸까요. 이때 문제로 떠오른 것은 자신들의 우방이 누구인가라는 사안이었습니다. 이르쿠츠크파에는 볼셰비키와 불가분의 관계였던 원호 2세들이 다수 있었고, 정통 공산주의자들이었던 만큼 천도교 같은 민족주의적 종교 조직과 당분간 함께할 수 있을지언정 끝까지 같이 갈 순 없다고 봤어요. 가령 남만춘은 이르쿠츠크파 고려공산당 창당대회에서 '민족·부르주아 단체들과의 관계'를 보고합니다. 여기에서 그는 민

1920년대 초반, 상해파 고려공산당 간부들의 모습. 앞줄 왼쪽부터 이극로, 이동휘, 박진만, 김립, 뒷줄 왼쪽부터 김철수, 계봉우, 미상. 이들은 이후 조선공산당의 서울파와 연계된다.

족 투사들을 우군으로 삼을 순 있지만, 그와 동시에 모든 종교 단체들의 중세적 악영향에 반대하면서 그들의 공산주의적 사이비 행세에 맞서 싸워야 한다고 해요. 반면에 민족주의의 영향을 받았던 상해파는 이르쿠츠크파보다 훨씬 가까이 종교 단체나 일부 '진보적' 민족주의자들을 두고 싶어했지요.

사실 조선에서 온 민족주의자 망명객들을 중심으로 조직된 상해파 사람들은 러시아어를 거의 구사하지 못했습니다. 상해파에도 박진순朴鎭淳(1898~1938)이나 박애朴愛(1896~1936?) 같은 원호 2세들이 일부 있긴 했어요. 박진순은 러시아어뿐만 아니라 영어도 구사했던, 교육을 잘 받은 매우 유능한 인재였고, 박애는 한인사회당 창립에 참여한 뒤 당 대표로 코민테른과 교섭을 하기도

조선 사회주의자 열전

했던 인물이지요. 당시에 망명객들은 원호 2세들의 도움 없이는 그 어떤 정치 활동도 하기 어려웠습니다. 그러니 상해파에서도 이들이 필요했던 거예요. 반면에 이르쿠츠크파에는 민족적·기독교적 배경을 가진 망명객들이 일부 있긴 했지만 원호 2세들이 조직의 핵심이었습니다. 이들은 정통파에 가까운 계급론자들이었고요. 즉 재상해 고려공산당의 분열은 이념적으로는 민족적 사회주의와 계급적 사회주의라는 사상적 차이에서 비롯된 것이었습니다. 부수적으로는 상해파가 코민테른의 지원 자금을 독단적으로 쓴 게 문제가 되었지만요.

김만겸은 1922년 코민테른에 「조선 공산운동의 개요: 상해파와 이르쿠츠크파의 성립 배경」이라는 문건을 제출합니다. 여기에서 그는 상해파의 이동휘가 대한제국 군대의 참령이자 러시아에 어떤 정권이 들어서더라도 구미에 맞춰 활동할 개신교 전도사 출신이라고 규정한 뒤, 상해파가 부르주아 민족주의에 물들었다고 비판합니다. 사실 김만겸이 언급한 이동휘의 출신 성분은 모두 사실입니다. 이동휘는 1918년 한인사회당을 창당했을 때 마르크스가 누군지 몰랐다고 스스로 밝히기도 했어요. 그는 기본적으로 민족주의 운동가였던 거예요. 물론 김만겸도 민족주의자로 성장했지만, 이후 그 배경을 잘 지워버린 뒤 정통 계급론에 입각해 새로운 활동을 벌인 거고요. 또한 상해파에 실제로 부르주아들이 많았던 것도 사실입니다. 그만큼 상해파의 인적 구성이 다양했고 이르쿠츠크파에 비해 외연이 넓었던 거지요.

이러한 상황에서 코민테른은 각각의 특색과 저변이 있는 상해파와 이르쿠츠크파를 모두 살려서 이후에 조직을 통일해야 한다고 봤습니다. 그러면서 상해파의 박진순과 이르쿠츠크파의 남만춘을 코민테른 집행부로 영입하는 등 두 조직 사람들을 균형감 있게 등용하지요.

조선의 사회주의화를 고민하며
러시아의 소수민족 사업에 복무하며

이후 남만춘과 김만겸은 러시아에서 사회주의 활동가로 의견을 피력해 나갑니다. 우선 남만춘의 활동을 살펴보면, 1921년 코민테른 제3차 대회에서 집행부가 된 그는 이 자리에서 조선에 대한 유명한 연설을 합니다. 남만춘은 조선 농민에 대한 수탈과 정치적 억압을 과장해 표현하면서 당장이라도 조선에서 봉기가 일어날 것처럼 말해요. 그러면서 사회주의 혁명만이 유일한 희망이라고 하지요. 또한 그의 보고문을 보면, 산발적인 무장 투쟁을 벌이고 있는 의병과 민족 혁명 단체를 비롯해 조선에서 일하는 일본 노동자들도 잘하면 우군이 될 수 있다고 진단해요. 이들과 연대한 뒤 붉은 군대를 편성해 소비에트 조선을 만들어야 한다는 주장을 펴지요. 당시에는 시베리아 내전이 막바지였고, 볼셰비키가 승리를

1921년 6월 22일부터 7월 12일까지 모스크바에서 열린 코민테른 제3차 대회의 현장. 레닌이 제기한 「통일전선에 관한 테제」가 채택된 것으로 잘 알려져 있으며, 이 대회에서 남만춘은 집행부로 선출된다.

거두고 있었습니다. 남만춘은 이 여세를 몰아 조선까지 해방하면 좋겠다고 생각했던 것 같아요. 일본인 노동자를 우군으로 끌어들일 수 있다는 생각은 당시로선 다소 현실성이 떨어지는 계급론에서 비롯된 듯하고요.

1923~24년에 남만춘은 오르그뷰로(고려공산당 창립대회 준비위원회) 위원과 원동遠東 지역당 소수민족부 부장 직을 겸임합니다. 그러면서 그는 재러조선인, 즉 고려인으로서 러시아 내의 소수자 문제에 대한 입장을 표명해요. 《우리 길Nash Put'》이라는 신문에 발표한 「소비에트 원동에서 만족 문제의 일부로서 고려인 문제」(11호, 1923년 9월)를 살펴보면 남만춘의 생각을 알 수 있는데요. 그는 러시아에 거주하는 고려인의 3분의 2가 러시아 국적을 취득하지 못

했고, 70퍼센트가량의 고려인 농민들이 슬라브계 부농과 중농의 소작민이라는 실태를 이야기합니다. 그러면서 슬라브인이 고려인을 극심하게 착취, 차별하고 있어서 고려인에게 국적, 토지 등 정치적·경제적 평등권이 절실히 필요하다고 주장하지요. 혁명이 일어났지만 소수자의 삶은 당장엔 나아지지 않았음을 폭로하면서 계급론적·급진적 사고를 보여준 겁니다.

소수자 문제를 제기하면서 남만춘은 고려인 여성의 사회주의적 의식화 작업도 병행합니다. 「블라디보스토크 고려 부인들과 함께한 1년간의 사업」(《적기赤旗, Krasnoe Znamya》, 1924년 12월 28일)이라는 글에 그의 생각이 담겨 있는데요. 블라디보스토크에 사는 고려인 여성의 삶은 가정폭력, 극심한 가사노동, 종교에의 예속 때문에 혁명 이전과 비교했을 때 거의 나아지지 않았다고 말합니다. 이런 후진성 때문에 여성들이 무언無言의 노예로 전락했다면서, 모든 구속으로부터의 여성 해방이 절실하다고 주장하지요. 고려인 남성의 중세적 가부장성도 비판하면서 철저한 남녀평등을 요구한 건데요. 이처럼 이르쿠츠크파의 철저한 계급론은 여성 해방론과도 직결되어 있었어요. 이르쿠츠크파의 급진성은 소비에트 조선의 건설을 요구하는, 그 당시로서는 비현실적인 측면이 있었는가 하면, 러시아 내부 문제에 적용되었을 때는 상당히 해방적인 근대의 기획으로 발현되기도 했습니다.

한편 김만겸은 1923년 코민테른 제4차 대회 이후부터 고려인 사업에 주력합니다. 그는 이때부터 7년간 원동 소비에트 집행위 고려인부 부장으로 일하면서 소수민족 차별에 대한 끈질긴 투쟁을 벌입니다. 소수자가 우군이 되어주리라 기대했던 소비에트 권력은 고려인 간부를 영입해서 이 사안을 다뤘지요.

그리고 1929~31년에는 극동국립대학 노동자 예비학부 교수로 학생들을 가르칩니다. 당시에 러시아의 노동자들은 고등학교도 안 나온 경우가 대부분이니 대학에 들어갈 수 없었습니다. 하지만 노동자를 위한다고 표방한 정부로서는 이들을 위해 억지로라도 대학에 입학할 수 있는 자격을 만들어야 했어요. 그래서 초등학교 밖에 안 나왔을지언정 노동자라면 노동자 예비학부를 거쳐 속성으로 고등교육을 마친 뒤 무시험으로 대학에 들어갈 자격을 주었지요. 러시아의 모든 대학에 그런 과정이 만들어졌는데요. 소비에트 정권이 마련한 일종의 노동자 특혜였는데, 이런 이들을 김만겸이 가르쳤던 겁니다.

또한 1932년 이후에는 원동 지역당 집행국 국원으로써 사실상 지역당의 고려인 문화 문제 책임자로 일합니다. 블라디보스토크 고려사범대 개설(1931), 원동고려극장 개설(1931) 등이 그의 주도로 이뤄져요. 당시에는 조선에도 조선인만의 대학이 없었습니다. 블라디보스토크 고려사범대는 당시로선 조선인이 만든, 조선인을 위한, 모든 수업을 조선어로 하는 세계 유일의 대학이었어요. 이게 바로 김만겸의 작품이었지요. 소수자의 언어를 초·중·고교

블라디보스토크 고려사범대가 있던 건물의 최근 모습. 이 대학은 1931년 한인 교사 양성을 위해 설립되었으며, 스탈린의 소수민족 강제 이주 정책 이후인 1938년 소련의 일반 대학에 편입되었다.

뿐만 아니라 대학 수준에서도 살려야 한다고 생각했던 겁니다.

이르쿠츠크파는 민족주의를 신랄하게 비판했고, 민족주의자들과 잠정적 동맹을 맺을지언정 장기적으로는 함께 갈 수 없다고 주장했으며, 민족주의 세력은 결국 해체되어야 한다고 생각한 급진파였습니다. 하지만 다른 한편에선 민족어를 살리고 민족어로 수업하는 대학을 만들기도 했어요. 그들의 급진적 생각 가운데는 소수자의 언어 살리기가 포함되어 있었지요. 러시아에서 그들의 정책과 주장은 소수자의 지위를 향상할 수 있는 요소가 상당히 많았던 겁니다.

한편 1924년 남만춘은 조선 문제를 집중적으로 다룬 『압박받는 고려』를 러시아어로 펴냅니다. 이 책은 1926년 블라디보스토크에서 조선어로도 번역돼 출간되었지요. 남만춘은 기본적으로 조선이 일본 제조업의 포획 시장이자 자원 공급지였다고 봤습니다. 이는 제국주의의 식민지 정책에 대한 레닌의 견해이기도 한데, 이걸 조선에 처음 적용한 사람이 바로 남만춘이에요. 그는 일본 자본이 대부분을 잠식한 조선에서 조선인 자본가는 기껏 해봐야 소금, 도자기, 담배 정도를 만들 수 있었다고 말합니다. 또한 일본의 금융자본은 농지를 담보로 대출업을 해서 조선인의 땅을 빼앗았고, 1910~18년의 토지조사사업은 세금이 늘어날 것을 우려한 많은 조선인 농민들이 자기 토지를 등록하지 않아서 결국 일제의 토지 약탈 수단이 되었다고 진단합니다.

그러면서 남만춘은 이르쿠츠크파 활동을 하던 시절의 주장을 일부 수정해요. 당시에 그는 조선에 거주하던 일본인 노동자들이 우군이 될 수 있다고 보았는데, 이 책에서는 좀더 현실적으로 입장이 바뀌지요. 조선에서 쟁의가 벌어졌을 때 일본인 노동자들이 조선인, 중국인 노동자들을 폭행하고 억압하면서 실제로는 일본 자본가의 편에 선 점을 지적합니다. 남만춘은 국제주의자였지만, 이 시기에 이르러 식민지 조선의 현실적인 민족 모순을 깨닫게 된 겁니다.

그는 일본의 '문화 통치'에 대해서도 비판의 칼날을 세우는데요. 이는 조선인 지주, 유산계급, 일부 지식인에 대한 포섭 정책에 불과하다고 진단합니다. 조선어 간행물 발간이 다소 허용되긴 했지만 제정러시아 때보다 사전 검열이 심했으며, 관립 학교의 교육은 충성스러운 황민 만들기를 통해 조선을 일본에 동화하려는 것이었다고 주장해요. 일제 아래에서의 합법적 활동은 한계가 분명하고, 노동자와 농민의 투쟁에 기반한 혁명으로만 문제를 돌파할 수 있다고 보았지요.

그러면서 남만춘은 1925년 이전에 경성 고무 공장, 평양 인쇄소, 경성 전차 등에서 벌어진 파업 운동을 분석합니다. 어떤 파업이 있었는지, 파업 노동자의 태도와 투지는 어땠는지, 연대는 어느 정도 이뤄졌는지 등을 면밀하게 살펴봐요. 중국인 노동자들이 파업 현장에 대체 인력으로 송출되는 것을 거부한 사례를 들면서 계급적 연대 의식의 고양을 거론하고, 노조와 소작인 동맹의 성장세도 지적하지요. 이런 밑으로부터의 투쟁이 조선을 독립으로 이끌고 결국 사회주의 혁명으로까지 나아가게 할 거라고 본 겁니다.

국내에서는 별다른 조명을 받지 못했지만, 『압박받는 고려』는 한국 근대사를 마르크스주의적 관점으로 분석한 최초의 저작입니다. 박헌영을 비롯한 화요파의 현실 인식에 기반이 된 책 중 하나이고, 한국 사회주의 전통의 기원 중 하나라고 평할 수 있을 거예요.

김만겸은 1923년을 기점으로 조선의 국내 운동에서 손을 떼는데, 남만춘은 1926년까지 이르쿠츠크파의 국내 우군으로 화요파를 지원합니다. 1925년 11월, 조선에서는 일명 신의주 사건이 벌

1926년 블라디보스토크에서 조선어로 출간된 『압박받는 고려』의 표지. 국내에서는 큰 조명을 받지 못했지만, 한국 근대사를 마르크스주의적 관점으로 분석한 최초의 저작이다.

어집니다. 신의주의 한 식당에서 지역 청년 단체인 신만청년회 회원들이 친일파 변호사 등과 싸움이 붙는데, 이 일을 빌미로 가택수색을 한 결과 조선공산당 책임비서 박헌영이 상해로 보낸 비밀 문서가 일본 경찰에게 발각돼요. 그러면서 검거 열풍이 불어서 상당수의 활동가들이 구속되고 제1차 조선공산당 대표들이 이를 피해 상해로 넘어오지요. 이에 남만춘은 상해로 가서 《불꽃》이라는 조선공산당 기관지를 발간하는 등 이들과 함께 활동하고요.

하지만 1926년 이후 남만춘은 국내 활동에서 손을 뗍니다. 코민테른에서는 조선의 노동운동이나 농민운동과 직접적 관련이 없는 원호 2세 출신 이르쿠츠크파가 고려인 문제에 집중하길 바랐어요. 조선에서는 아래로부터의 운동 경험이 있는 현지 활동가와 동방노력자공산대학에서 유학하고 돌아간 이들이 혁명을 이끌어야 한다고 봤던 겁니다. 이 방침에 따라 김만겸에 이어 남만

남만춘의 여동생이자 몽골 1세대 혁명가인 린치노의 아내 남마리아(왼쪽), 그리고 남만춘의 딸인 빅토리아 파블로프나 남(오른쪽). 이 사진은 러시아의 쿠르스크 시에서 1950년대에 촬영되었다.

춘도 고려인 문제에 집중하게 되지요.

그렇게 활동 방향을 전환하고서 남만춘은 러시아에서 꽤 높은 보직들을 맡습니다. 1927~29년에는 블라디보스토크 소비에트당 학교 교장으로 일하고, 1929~35년에는 니콜스크-우수리스크 태평양 관개수리 전문학교 교장을 지내요. 우리 식으로 말하면 전문대 총장까지 역임한 거지요. 남만춘은 그 자신이 러시아에서 탄탄하게 자리 잡았을 뿐만 아니라 자신의 처남도 유명한 혁명가였습니다. 그의 여동생 남마리아가 사회주의 몽골을 만든 1세대 혁명가 중 한 사람인 린칭인 엘벡도르지Rinchingiin Elbegdorj(1888~1938), 일명 린치노와 결혼했지요. 린치노는 담디니 수흐바타르Damdinï Suhbator(1893~1923) 장군과 함께 소련의 후원으로 몽골에서 사회주의를 지향하는 혁명을 일으켰는데, 이후 린치노나 남만춘 같은 1세대 혁명가들은 스탈린에 의해 숙청되고요.

소수민족 출신 간부들은 1930년대 중반부터 그 입지가 흔들리기 시작합니다. 1935년 11월에 김만겸은 친일 첩보 활동을 했다는 이유로, 같은 해 12월에 남만춘은 소련에 반대하는 선전을 했다는 이유로 잠시 투옥되었다가 풀려난 뒤 본격적으로 감시를 받아요. 이때부터 스탈린은 그간 당이 적극적으로 활용해왔던 소수자 활동가들을 제거해 나갑니다. 보수적 반동 정책의 일환이었는데, 소수자 활동가들이 구상했던 소수자 평등, 소수 언어로의 고등교육 등이 스탈린이 생각했던 국민(인민)국가 구상과 들어맞지 않았던 거예요. 스탈린은 러시아어를 기반으로 한, 즉 러시아제국을 상당 부분 계승한 국민국가를 만들려고 했고, 김만겸과 남만춘은 소수민족 문제에 있어서 스탈린보다 훨씬 급진적이던 겁니다. 그건 스탈린이 원치 않는 방향이었지요. 그래서 그들은 러시아공산당의 노선에 벗어난 트로츠키파로 몰렸고, 트로츠키파를 파쇼 간첩으로 보던 당시의 시류를 타면서 숙청을 당한 거예요.

1937년 소련의 극동 지역에 거주하던 고려인 17만여 명은 스탈린에 의해 중앙아시아 카자흐스탄 지역으로 강제 이주되는데요. 남만춘과 김만겸은 그전에 이미 숙청 대상이었고, 1937년 모두 강제 추방을 당합니다. 남만춘은 쿠스타나이, 김만겸은 악튜빈스크에 정배된 뒤 교사로 일하는데요. 그러다가 1938년 여름, 둘다 간첩죄와 조국 배반죄로 다시 재판을 받습니다. 결국 김만겸은 1938년 10월 8일, 남만춘은 1938년 10월 12일에 총살당해요. 거의 같은 시기에 잡혀가서 죽은 걸 보면, 기획된 작전에 의한 제거였다고 봐야겠지요. 이후 김만겸은 1958년에 명예가 회복되지만, 남만춘은 1997년에 이르러서야 완전한 명예 회복이 이뤄집니다.

세계 체제의 경계에서
사회주의를 유포한 디아스포라들

러시아 한인 사회에서 남만춘이나 김만겸은 고려인 유지로 기억되고 있습니다. 이들에 대해서는 많은 논문이 발표되진 않았지만 고려인 학자들이 러시아어로 연구해왔고, 러시아어로 쓴 평전이 하나씩 출간되었어요. 국내에서는 몇 편의 논문이 발표된 것 이외에는 거의 연구가 이뤄지지 않았고, 러시아에서의 연구가 일부 번역, 소개되고 있는 정도이지요.

그렇지만 이들의 활동은 국내에서도 상당한 의미가 있었습니다. 두 사람 모두 러시아 이민자 2세로, 러시아에서는 소수자 지식인이었고 조선에서는 조선인 활동가였습니다. 이중 언어를 구사하면서 이중적 정체성을 가진 접경인이었지요. 사실 세계 체제의 주변부에서 민족주의든 사회주의든 새로운 사상을 전파하고 유포하는 이들은 상당수가 이런 접경인들이었습니다.

조선 사회주의자 열전

세계 체제의 핵심부가 가하는 압력 때문에 주변부에서는 민족주의가 대거 발흥했고, 핵심부에서 소수자로서의 차별을 경험한 디아스포라들이 민족주의의 전도사가 되는 경우가 많았습니다. 디아스포라는 근대적 민족주의의 발흥과 유포에 상당히 중요한 역할을 했어요. 또한 세계 체제의 핵심부나 준핵심부에서 소수자로 차별받던 이들이 급진화되어 사회주의 사상을 해방 이론으로 받아들이는 경우도 많았습니다. 이를 바탕으로 민족 혁명과 계급 혁명을 추진하는데, 그러다가 혁명이 보수화되면 세계 체제 주변부 사회의 근대적 국민국가 만들기로 방향을 선회하곤 했지요. 중국과 베트남을 보더라도 1세대 혁명가들이 사회주의 노선을 걸었다면 그 이후로는 조국 근대화를 지향했는데, 이는 세계 체제 주변부의 발전 경로 중 하나가 아닌가 싶습니다.

조선에서는 남만춘과 김만겸 같은 디아스포라들이 소수자로서 급진화되어서 볼셰비키에 입당하고 조선 사회주의 운동에 이바지한 건데요. 특히 남만춘은 최초의 마르크스주의적 조선 근대사론인 『압박받는 고려』 같은 저작을 통해 당시 조선의 좌파에 영향을 미쳤고요. 물론 이 책의 통계는 정확치 않고 분석도 상당히 거칩니다. 하지만 그의 시도가 없었다면 1930년대에 백남운이나 박문규, 이여성李如星(1901~?) 같은 좀더 과학적이고 정교한 식민지적 수탈에 대한 마르크스주의적 분석이 나오지 않았을 거예요.

남만춘과 김만겸은 1920년대 초반에 '소비에트 조선의 건설'

같은 초좌파적 구호도 내세웠지만, 실제로 이들에게 사회주의 운동은 소수민족과 여성에 대한 차별에 반대하는 해방적 근대를 꿈꾸는 것이기도 했습니다. 세계 체제의 중심부와 주변부를 아우르면서 거대 담론을 구축할 자질이 있던 디아스포라들이 조선 사회에 했던 역할을 우리는 지금 다시금 기억해볼 필요가 있습니다.

최성우와 양명

모스크바에서 조국의 현실을 바라본
급진파 조선인들

최성우와 양명은 한국 근현대 사회사 연구의 선구자들입니다. 특히 1930년대의 조선에 대한 사회과학적 분석을 시도한 연구자이자 활동가이지요. 다만 이들의 글은 러시아 아카이브에 남아 있는 러시아어나 영어로 된 코민테른 문서를 통해, 이들의 활동은 일본어로 된 일본 경찰 문서 기록을 통해 확인할 수 있는 경우가 대부분입니다. 최성우는 1917년경 블라디보스토크에서 지하 활동을 하면서부터, 양명은 1920년대 중반 조선공산당에 코민테른의 자금을 전달하는 책임자로 활동하면서부터 일본 경찰들이 꾸준히 사찰했기 때문에 그 기록이 남아 있어요. 그 외에는 별다른 기록이 남아 있지 않은 분들입니다.

이들이 급진파로서 당대의 조선을 어떻게 바라보았는지는 줄곧 제 관심을 끌었습니다. 또한 이들은 모스크바에서 활동한 만큼 조선의 상황을 러시아어나 영어 등을 통해 외국 동지들에게 전해줘야 했는데, 주변부의 이야기가 외국어로 번역되어 중앙에 전달되는 과정 역시 저에게는 상당히 흥미로웠습니다. 이런 지점에 주목하면서 제가 최성우와 양명의 글을 면밀히 살펴보았다는 점을 미리 말씀드립니다.

볼셰비키 출신으로
조선에서의 혁명을 고민하며

이들의 인생은 일부러 꾸며내기 어려울 정도로 기구했습니다. 유대계 러시아 작가인 이사크 바벨Isaac Babel(1894~1940)이 명언을 남긴 바 있지요. "인생 자체가 장편 소설인데, 장편 소설을 왜 써야 하느냐." 이 두 사람의 삶이 바로 그러했습니다.

1898년 블라디보스토크에서 태어난 최성우는 러시아 국적의 조선인 이민자 2세, 즉 원호 2세였습니다. 원호 2세 활동가들이 그렇듯 최성우도 조선 이름과 러시아 이름이 각각 있었습니다. 러시아인들은 그를 바실리 알렉세이비치 초이Vasily Alekseevich Choi로 알고 있었고, 공산당 활동을 할 때는 비소츠키Vysotsky라는 가명을 썼어요. '최崔'라는 그의 성 한자에는 뫼 산山 자가 들어 있는데, 그걸 따서 '산 사람'이라는 뜻의 가명을 만든 겁니다.

최성우는 1915년경 러시아 고등학교에서 7학년 졸업을 한 기록이 남아 있습니다. 이후 몇 년간은 별다른 기록이 남아 있지 않고, 다시 그의 이름이 등장하는 것은 1919년 7월부터예요. 일본

러시아 국적의 조선인 이민자 2세 최성우는 블라디보스토크 신
한촌에서 일세당이라는 지하 조직을 만들면서 사회운동을 시작
했다.

군이 블라디보스토크로 쳐들어왔고, 민족주의자들과 공산주의자
들이 함께 항일 투쟁을 하면서 급속히 급진화하던 시기이지요. 디
아스포라의 볼셰비키화에 중요한 계기가 되었던 때인데요. 일본
경찰의 비밀문서에 의하면, 젊은 활동가 최성우는 일세당―世黨이
라는 지하 단체를 만든 뒤 볼셰비키와 연계를 도모했다고 합니다.
일세당은 블라디보스토크 신한촌에서 만들어진 토착적 항일 혁
명 조직이었는데, 2천여 명의 조선 청년들이 활동했다고 해요.

당시에 최성우는 투쟁을 벌이면서 볼셰비키 외에 손잡을 대상
이 없었을 겁니다. 또한 조선어와 러시아어를 모두 모어로 구사
하는 이중 언어 사용자였던 만큼 볼셰비키와 가까워지기도 쉬웠
을 거예요. 그는 러시아공산당에 가입한 뒤 1920년 12월에 당의
극동국 한인부 고려 청년 단체 책임자로 임명됩니다. 볼셰비키에
서 소수자 사업을 담당하게 된 건데, 이중적 정체성을 가진 만큼

그런 자리에 맞는 사람이기도 했습니다.

이때 연해주에서는 상해파와 이르쿠츠크파로 조선의 급진 운동이 나뉘어 있었습니다. 상해파는 상당수가 조선에서 망명한 민족주의자 출신으로 상해임시정부에 참여하는 등 민족주의자들과 협력해보려 했고요. 이르쿠츠크파는 러시아에서 태어나고 자란 원호 2세들을 중심으로 민족보다는 계급을 중시하던 이들이었지요. 그래서 상해임시정부에 대해 늙어빠진 쓸모없는 영감쟁이들이라고 비난하면서 이런 이들과 연대하지 말고 프롤레타리아 혁명으로 나아가야 한다고 주장했고요. 완벽히 들어맞진 않지만, 민족주의 세력과의 관계를 중심으로 본다면 1980년대 한국 운동권의 NL과 PD 구도와 엇비슷했을 겁니다.

최성우는 러시아에서 나고 자란 데다가 이미 러시아공산당 당원이니 이르쿠츠크파의 성향이 강했어요. 그런데 1921년 3월 코민테른은 상해파와 이르쿠츠크파의 싸움을 중재하는 위원으로 그를 임명합니다. 이들을 모두 내치지 않으면서 하나의 공산당 조직을 만들려고 했던 코민테른으로서는 최성우를 적극 활용했던 거예요. 또한 1921년 5월부터 1922년 9월까지는 조선 바깥에서 일본군과 싸우던 고려인 유격대들에 대한 선전 사업을 진행합니다. 당시에 이런 유격대 대원들은 대부분 문맹이었고, 공산주의가 무엇인지 어렴풋하게만 짐작하던 빈농들이었어요. 최성우는 이들을 의식화하면서 공산주의적 계몽운동을 벌인 것이지요.

1921년 코민테른이 모스크바에 설립한 동방노력자공산대학에서는 러시아뿐만 아니라 아시아에 살던 많은 이들을 사회주의자로 길러냈다. 왼쪽 건물이 이 대학의 강의실인데, 현재는 남아 있지 않다.

1922~23년에 최성우는 동방노력자공산대학에 다닙니다. 이곳은 코민테른이 사회주의 운동의 지도자를 양성하기 위해 모스크바에 설립한 대학인데요. 초기에는 1년 내지 1년 반 속성 코스였는데, 나중에 4년 정기 코스로 개편되지요. 당시 이 대학에 다니던 조선인들이 몇몇 있었어요. 일본, 중국, 러시아 등지에서 다양한 활동을 벌인 조봉암曹奉岩(1899~1959)을 비롯해 차후 조선공산당의 여성 트로이카로 활약하는 고명자高明子(1904~?)와 주세죽朱世竹(1901~1953), 안동의 양반가 출신으로 유교를 바탕으로 사회주의를 받아들인 김재봉金在鳳(1890~1944) 등이 그들인데요. 최성우가 이들과 교유했는지는 알 수 없지만, 이런 이들이 모스크바에서 1920년대에 같은 대학을 다니고 있었습니다.

그러다가 최성우는 1923년 4월 블라디보스토크의 공산청년당 한인부 책임자로 임명되어 연해주로 돌아갑니다. 지역 한인들을 의식화하면서 한인들의 고충을 공산당에 전달한 뒤 이러저러한 일들을 요청하는 일종의 중재역을 맡은 거예요.

이때 그에게 운명적인 사건이 터집니다. 당시에 남만춘을 비롯한 고려인 공산주의자 상당수가 조선 민족 자치구 설립을 요구합니다. 계급 문제를 중시하면서도 민족 문제를 풀어가야 하기 때문에, 자치구를 설립한 뒤 이를 기반으로 진격해서 조선을 해방하기를 바랐던 겁니다. 또한 다른 소수민족들에게 자치구가 있음에도 고려인에게 자치구가 없었던 점을 문제 제기한 것이고요.

코민테른은 자치구 설립에 원칙적으로 찬성했습니다. 그러면서도 조선 민족 자치구 설립을 주저했는데, 왜 그랬던 걸까요? 당시에 당 지도부의 관심사는 대일 협상이었습니다. 소련은 사할린 남부를 점령하고 있던 일본과 수교를 맺지 않은 상태였는데요. 러시아공산당은 영토를 회복하고 싶었지만 물리력으로 사할린 남부에서 일본군을 쫓아낼 힘은 없었습니다. 병력을 파견할 여력도 없었고요. 그러니 일단 일본과 적절한 관계를 유지하면서 수교를 맺은 뒤 이들을 물러나게 하고 싶어했어요.

이런 온건론이 대세를 이룬 가운데, 수교 협상 과정에서 일본 대표들은 블라디보스토크에서 벌어진 조선인의 항일 운동을 문제 삼습니다. 이때 조선 민족 자치구까지 만들면 일본과의 수교가 어그러질까봐 러시아공산당은 수세적 태도를 취한 거예요. 결국 당에서는 1924년 조선 민족 자치구 건설 안건이 부결됩니다. 열강 사이에 긴 고려인들의 운명이 그렇게 결정된 거예요. 그리고 1925년에 소련은 일본과 수교를 맺게 되지요.

이 과정에서 최성우는 조선 민족 자치구 설립을 지지하다가 보직에서 해임됩니다. '중앙'과 '민족'의 이해관계가 충돌하는 상황에서 일본을 자극하는 것은 위험하다는 중앙의 뜻을 거슬렀기 때문입니다. 그렇게 최성우는 좌천의 쓴맛을 보면서 1925년 노보시비르스크에 주둔한 붉은 군대에 선전원으로 파견됩니다.

사실 그보다 2년 앞서 최성우의 차후 운명에 큰 '문제'로 비화할 또 한 가지 일이 있었습니다. 블라디보스토크 한인부 회의에서 레온 트로츠키Leon Trotsky (1879~1940)와 당의 주류 세력이었던 스탈린, 부하린 등 사이에서 논쟁이 벌어졌는데, 최성우는 러시아어에 능통하지 못한 다수의 고려인 당원들을 위해 당의 관료주의를 비판하는 트로츠키의 테제를 설명해주었습니다. 1920년대 초·중반만 해도 러시아공산당은 기본적인 민주성이 남아 있어서 이런 논쟁을 죄악시하지 않았고, 최성우도 논쟁의 한 축인 트로츠키의 테제를 중립적으로 설명하는 걸 문제로 보지 않았을 거예요. 하지만 1930년대 중반에 이르면 최성우를 모함하는 이들이 이 '트로츠키 테제 설명'에 크게 의미를 부여해서 그를 마구 공격해댄 겁니다.

차세대 사회주의자 교수를 양성하기 위해 건립된 적색교수대학의 학생 기숙사. 최성우는 이곳에 거주하며 대학을 다녔을 것이다. 적색교수대학은 1946년 러시아공산당 산하 사회과학원으로 개편되었다.

　　1926년 최성우는 다시 중앙으로 진출해서 모스크바에 있는 적색교수대학에 입학합니다. 대학 이름이 재미있지요? 러시아에 소비에트 정권이 들어서긴 했지만, 이들은 당장 교육계를 개혁하기는 어려웠습니다. 세상에서 가장 보수적인 곳이 종교계 다음으로 학계예요. 제정러시아 시대의 교수들이 학계를 주도하고 있었는데, 이들 중 상당수는 볼셰비키를 극도로 싫어했지요. 일부 교수들만 애국 차원에서 협력하고 있었고요. 하지만 이들을 완전히 쫓아내거나 재교육할 여력이 되질 않으니, 당에서는 일단 이들과 일시 타협하면서 차세대 사회주의자 교수를 양성할 계획을 세웠습니다. 그 중심에 적색교수대학이 있었지요. 이곳에 우수한 당원들을 입학시켜서 사회과학 전문가로 키우려 했던 겁니다. 최성우가 그 수혜자가 되었고요. 적색교수대학에는 소수자 출신이 상당히 많았습니다. 그때까지만 해도 러시아공산당은 빈농, 노동자, 여성, 소수자 출신들을 혁명의 동반자로 여기며 물심양면 지원했어요.

최성우는 대학을 졸업하기도 전에 중앙에서 상당한 활약을 합니다. 1929년 4월, 코민테른에서는 해체된 조선공산당의 재건을 논의하기 위해 국제위원회를 만듭니다. 여기에 조선, 일본, 중국, 서양 공산주의자 대표들이 참여하는데요. 서양 대표로는 핀란드의 급진 사회주의자 오토 쿠시넨Otto Kuusinen (1881~1964), 중국 대표로는 불교 신자 출신의 시인으로 나중에 국민당에 의해 학살당하는 혁명 열사 취추바이瞿秋白 (1899~1935), 일본 대표로는 노동운동 지도자로 미국공산당과 일본공산당을 만드는 데 일조한 가타야마 센片山潛 (1859~1933)이 참여하고요. 조선 대표로는 박애, 김단야, 최성우가 영입됩니다.

코민테른은 이런 위원회를 구성할 때 모든 분파를 한데 모아 토론하는 국제 연대주의를 표방했어요. 그래서 조선 대표로 상해파의 박애, 국내 이르쿠츠크파인 화요파의 김단야, 그리고 볼셰비키 계열의 최성우를 안배해 불러 모은 겁니다. 이때 최성우가 실무를 거의 도맡아 하지요. 그리고 1930~31년에는 상해파에서 활동하던 박진순의 러시아공산당 입당, 그리고 양명의 망명 심사 등을 그가 진행해요. 그렇게 최성우는 조선 문제에 있어서 코민테른의 실세로 성장합니다.

혁명 이후의 조선을 상상하며
미래의 청사진을 그리다

당시에 소련에서는 대학을 졸업하면 구직 활동을 할 필요 없이 국가에서 대학 성적, 개인적 자질 등을 가늠해 직장을 배정해주었습니다. 적색교수대학을 졸업한 뒤 최성우가 배정된 직장을 보면 그에 대한 평가가 꽤 좋았던 것 같아요. 1931년 5월, 그는 농민인터내셔널 산하 국제농업문제연구소의 동양 및 식민지부 부장으로 임명됩니다. 이 연구소가 있던 건물은 지금 블라디미르 푸틴 Vladimir Putin(1952~) 대통령의 비서부가 관리하고 있습니다. 매우 화려한 옛 귀족 저택으로 공식 행사가 벌어지는 곳이지요.

그렇다면 이 연구소에서 최성우는 무슨 일을 했을까요? 이곳은 차후에 공산 혁명이 일어나면 해방될 식민지에서 어떻게 토지개혁을 할지 염두에 두면서 식민지의 토지 문제를 연구하는 세계 혁명의 준비 기관이었습니다. 여기에서 최성우는 일차적으로 조선의 혁명 이후에 어떻게 토지를 개혁할지 입안하는 역할을 맡습니다. 그러면서도 이란 혁명에서 농민의 역할에 대한 논쟁에 개입하는 등 활발하고 다면적인 활약을 하지요.

이때 그는 김단야와 함께 새로운 조선공산당 강령을 만듭니다. 현재 한국에서는 정당 활동을 하더라도 당의 강령을 아는 사람이 드물 겁니다. 관심도 없을 테고요. 그런데 공산당에는 지지자들에

적색교수대학을 졸업한 뒤 최성우가 일했던 농민인터내셔널 산하 국제농업문제연구소가 쓰던 건물. 매우 화려한 옛 귀족 저택으로 현재는 푸틴 대통령의 비서부가 관리하고 있다.

게 혁명 이후에 무엇을 어떻게 할지 명확하게 정리해서 강령을 내거는 전통이 있었습니다. 제1인터내셔널 시대에 독일 사민당에서 고타 강령(1875)이나 에르푸르트 강령(1891)을 통해 미래 사회의 밑그림을 그렸던 게 그 기원이지요. 이에 대한 비판도 활발해서 마르크스는 「고타 강령 비판」 같은 문건을 남기기도 했고요. 공산당에서 강령은 생명과도 같습니다. 인민과의 약속이기 때문입니다. 그래서 강령 한 줄을 놓고도 몇 년씩 격론을 벌였지요. 최성우가 주도한 조선공산당 강령 작업은 1931년 시작되어서 독일어로 된 초안 토의를 거친 뒤 1933년 11월에 채택되고 그다음 해 7월에 영어와 러시아어로 공표됩니다. 이 작업에만 4년이라는 시간을 들인 거예요.

코민테른에서 러시아어가 공식 언어였으리라고 짐작하는 분이 많으실 텐데, 실제로는 독일어가 공식 언어였습니다. 독일에서 혁명이 일어난 뒤 그게 세계 혁명을 이끌 것이라고 믿었기 때문입니다. 보조 언어로 영어와 러시아어가 쓰여서, 주요 문건들은 독일어, 영어, 러시아어로 발표되었고요. 최성우가 만든 조선공산당 강령 역시 이들 세 언어로 작성되어 세계화되었지요.

조선공산당 강령에는 재미있는 부분이 많습니다. 일단 지금의 조선이 어떤지 묻는 질문에 최성우는 기형적 식민지 자본주의라고 답합니다. 경제적 착취에다가 경제 외적인 강제가 횡행하는, 즉 자본주의적 착취와 규율주의적 군사화가 모두 작동해서 기형적인 사회라는 겁니다. 실제로 노동자와 농민에 대한 이중 착취가 벌어지는 데다가 민족적 억압과 차별까지 있는 사회였지요.

기형적 식민지 자본주의론은 당대 마르크스주의자들이 고안해낸 새로운 개념이었습니다. 이것이 1950~60년대에 세계 체제의 핵심부가 주변부를 저개발화하면서 핵심부의 자본 축적을 도모한다는 개발의 저개발화 이론으로 발전하지요. 즉 세계 체제론의 급진 버전으로 이어지는 겁니다. 최성우가 조선의 현실에 이 이론을 적용한 것이고요.

그는 조선에서 일본의 힘을 빌려야만 자본 축적을 할 수 있기에 조선의 자본가들은 사실상 매판자본가일 수밖에 없다고 진단해요. 또한《동아일보》와《조선일보》는 이미 친일 부역을 하고 있고, 《비판》 같은 잡지를 펴낸 송봉우朱奉瑀(1900~?) 등의 '사회개량주의자'들도 조금씩 조선총독부와 가까워지면서 노동자에게 공작을 펴고 있다고 보았지요.

그러면서 최성우는 조선의 해방 운동 현황을 조망합니다. 민중 운동은 아직 자연 발생적이고 공산당이 이들을 지도하진 못하고 있다고 봐요. 또한 윤봉길尹奉吉(1908~1932) 같은 이를 필두로 한 일부 민족주의자와 아나키스트의 암살 운동이 헌신적인 점은 높이 평가하지만, 개인의 분산적인 직접 행동이 무의미한 희생으로 이어지고 있다고 진단하지요. 결국 공산당이 민중을 조직해서 혁명을 일으킨 뒤 조선의 완전한 독립을 쟁취해야 하고, 그다음에 노동자-농민 소비에트 정권을 세워야 한다는 주장으로 이어지는 데요.

이런 정권이 들어선 뒤 무엇을 할지에 대해 최성우는 10여 쪽 분량의 자세한 설명을 풀어놓습니다. 노동자에 대한 휴가 정책, 아동과 기혼 여성의 노동 시간 제한, 모성 보호 정책처럼 매우 구체적인 내용들이 들어 있어요. 그 가운데 영세업자에 대한 보호 정책이 상당히 흥미로운데요. 새로운 사회를 건설해서 큰 자본을 국유화하더라도 작은 자본은 남아 있으리라고 보면서, 영세업자를 혁명의 동맹군 정도로 간주하지요. 공산주의자라고 하면 모든 걸 다 국유화하려는 빨갱이로 상상하는 이들이 많은데, 그들의 구상은 전혀 그렇지 않았어요. 영세업자의 존재를 인식하면서 이들을 위한 보호 관세를 마련하겠다고도 하지요. 또한 백정, 천민, 청소년, 여성 등 각 부문별 해방의 과제도 상세히 제시하고 있습니다. 암기 위주의 교육 폐지, 학교 민주화 등에 대한 항목도 들어 있고요. 공산주의자들이 펼친 미래 상상의 세계는 이처럼 상당히 치밀하면서도 풍부했습니다.

최성우는 조선공산당 강령 같은 공개 문헌도 작성하지만, 상당수의 비공개 문헌도 만들어요. 코민테른 지도부가 조선의 상황을 문의하면 이에 대한 실정 보고서를 쓴 건데요. 지금은 모두 공개되어 있어서 이들 보고서를 살펴볼 수 있는데, 좌편향적 성향을 보이기보다는 매우 현실적으로 객관적인 정세 파악을 하고 있는 게 눈에 띕니다.

1935년 9월 10일 오토 쿠시넨에게 제출한 조선 형세에 대한 보고서를 보면, 경제 상황이 악화되고 민중들의 불만이 고조되자 《조선일보》와 《동아일보》가 이들의 시선을 의식해서 파업 노동자들을 긍정적으로 묘사하는 등 일제와 거리를 두려 한다고 말합니다. 또한 타협적 민족주의자들이 어떻게 친일 세력으로 변해가는지에 대해서도 면밀히 살펴요.

코민테른 지도부에서는 조선에 적색 노조 및 농조 조합원이 몇 명인지 같은 것에 관심을 갖는데요. 이에 대해 최성우는 노조 조합원은 7만 9985명, 농조 회원은 15만 7851명이라고 정확하게 보고해요. 이게 코민테른의 보고 형식이었지요. 코민테른 사람들

조선 사회주의자 열전

은 자신을 연구자이자 활동가로 인식했고, 정확한 통계 자료를 바탕으로 과학적 혁명을 일으키겠다고 자부하고 있었어요. 최성우도 그러한 분위기에서 보고서를 작성했고요.

또한 그는 농촌 진흥 등 일제의 회유책이 일부 중간층을 포섭했지만 대다수 민중에게는 먹히지 않은 듯하고, 노조와 농조에 대한 사회주의자의 영향 역시 아직은 미미하다고 보았습니다. 하지만 지방마다 공산당 재건위원회가 조직된 점은 파악하고 있었어요. 이에 최성우는 조선공산당 재건을 위한 인력 파견, 만주 등지에서의 기관지 발행, 모스크바에서의 조선공산당 지원단 운영 등을 코민테른에 제안합니다.

그런데 최성우의 생명은 그리 길지 않았습니다. 1937년 스탈린의 대★러시아 민족주의적이고 우파적인 지도부는 급진 분자들을 일망타진하겠다면서 소수자 활동가들부터 제거하기 시작합니다. 이때 수용소로 끌려가거나 사형당한 조선인 활동가가 2천여 명가량 되는데, 최성우도 그중 한 사람이었어요. 1923년의 트로츠키 테제 설명 사건, 그리고 최성우 아버지와 형제들이 한때 소유했던 약간의 농지 등이 문제가 되어서 그는 트로츠키주의자이자 부농의 가족으로 몰립니다. 1937년 8월 1일 출당 처분을 받은 뒤 8월 26일에 체포되고, 11월 28일 최고재판소 군사부의 판결에 따라 총살당하지요. 1957년에 와서야 명예 회복이 이뤄지고, 이후 한국에서는 2007년에 건국훈장 애족장을 추서받으면서 그 존재가

최성우는 1937년 스탈린의 숙청 과정에서 총살당했지만, 그의 아들 최길용(사진)은 카자흐스탄에서 유명 외과 의사로 잘 자리 잡았다. 최길용은 한국전쟁 때 김일성의 비막염을 치료해준 인연도 있다.

좀더 알려지게 되고요.

　그의 후손들의 이력도 흥미롭습니다. 스탈린 시대의 원칙 중 하나는 아버지의 죄를 아들에게, 아들의 죄를 아버지에게 묻지 않는 것이었습니다. 그래서 아버지는 처형당했지만 자식은 잘 살아남았어요. 최성우의 아들 최길용崔吉龍(러시아 이름은 길렌 바실리예비치 초이, 1920~2014)은 카자흐스탄에서 근대 의학의 선구자가 되었는데, 한국전쟁이 한창이던 1952년에 함흥에서 북한 의무부대를 지원하며 진료 활동을 해요. 이때 김일성의 비막염을 진단한 뒤 치료해주었지요. 아버지를 늘 자랑스러워하며 살았다고 해요. 최길용의 아들 역시 현재 모스크바에서 대학 교수로 재직하면서 상당히 잘 자리 잡았지요. 이 집안은 고려인 사이에서 전형적인 교수 가문으로 알려져 있습니다.

조선 사회주의자 열전

급진파의 시각으로 본
조선은 어떠했을까

최성우는 소련 사회의 내부자이면서 조국의 사정을 파악한 뒤 이를 급진파의 언어로 번역하고 국제적 소통의 장에서 활용한 중재 역할을 한 사람입니다. 그러면서 중앙의 이론을 빌려 주변부의 상황을 이론화하는 작업도 했고요. 중앙에는 주변부의 상황을 알리고 주변부에는 중앙의 이론을 대준, 중간적 위치에 있던 전형적인 디아스포라이지요. 주변부의 상황을 강조하다가 좌천당한 이력도 있었고요. 그렇지만 어쨌든 그는 소련 사람이었고, 자손들도 소련 사회의 지식층으로 살았습니다. 아들인 최길용이 김일성의 치료를 맡았다는 건 그만큼 당이 그를 신뢰했다는 뜻일 테고요.

그렇다면 최성우의 눈에 비친 조선은 어떠했을까요. 《혁명적 동방》, 1930년 5월호와 8월호에는 그가 조선을 어떻게 바라보았는지 알 수 있는 글들이 실려 있습니다.

우선 그는 당시 조선의 상황을 요약해 전합니다. 1929년에 벌어진 원산 총파업을 조선 사회에 노동계급의 출현을 알린 사건으로 보았고, 소작인 투쟁이 늘어나는 점도 호의적으로 평하지요. 하지만 사회주의자들이 원산 총파업 때 거의 얼굴을 내비치지 않았고, 소작인 투쟁 때도 영향력을 행사하지 못했다면서 이들의 무능을 비판합니다. 최성우는 당시에 조선 사회주의자들의 능력을 정확히 평가하고 있었어요. 그러면서 민중의 투쟁이 고조되는 데 반해 사회의 주류 세력은 온건하다고 보았던 겁니다.

최성우는 중국인 혐오 선동을 친일 자본가와 일제 사이의 중요한 유착 고리라고 지적하는데요. 이는 상당히 흥미로운 문제 제기입니다. 조선의 친일 자본가들이 어떤 이념을 갖고 있었고 무엇을 원하는지 들여다보고 싶었던 것 같아요. 그는 만주 문제를 계기로 불거진 중국인 혐오로 이들이 일제와 더욱 가까워졌다는 점을 매우 강조합니다.

당시에 일본은 조선인과 중국인 사이를 은근히 이간질했고, 《동아일보》와 《조선일보》는 재만동포들이 수난을 당하면 조선에 거주하는 화교에게도 책임을 물어야 한다는 뉘앙스의 글들을 싣곤 했어요. 최성우는 혁명적 에너지로 분출될 수 있는 불만이 중국인 혐오를 통해 일제와 무관하게 흩어지고 있으며, 재만동포를 보호한다는 명목으로 일본이 만주 침략 준비를 합리화했다고 지적합니다. 심지어 인천 건설노조 같은 일부 노조마저 중국인 혐오 선동에 가담했다고 전하는데요. 조선인 사업가들은 만주 특수를 누려 돈을 벌기 위해 중국인 혐오를 부추기며 일제와 손잡았다고 말하지요.

만보산 사건 전후의 중요한 지점을 잘 포착한 재미난 가설인데요. 실제로 재만동포 보호 문제가 불거지면서 조선의 민족 언론들이 사실상 중국인 혐오를 유포했고, 이는 이들 언론이 조선총독부

1929년 1월부터 약 90일간 계속된 원산 총파업은 1920년대 조선의 노동운동 사상 최대 규모의 투쟁이었다. 최성우는 이 파업을 조선 사회에 노동계급의 출현을 알린 사건이라고 보았다.

와 급속히 가까워지는 계기가 되었다고 볼 여지가 상당히 많습니다. 그런데 조선과 중국, 양국 혁명을 동시에 추진하려 했던 코민테른으로서는 조선의 중국인 혐오 선전에 굉장히 민감했어요. 최성우의 지적은 최근 한국의 보수 언론들이 중국 위협론을 흘리면서 은근히 한미 관계의 강화를 요구하는 논조와 엇비슷한 게 아닌가 하는 생각을 해보기도 했습니다

한편 당시에 조선공산당에서는 천도교 세력과 어디까지 손잡아야 하는지의 문제가 대두되는데요. 상해파 계열의 박진순이나 박애는 이들과의 통일전선론을 폈지만, 최성우는 회의적이었어요. 우선 그는 동학의 창시자인 최제우崔濟愚(1824~1864)가 부농 출신임을 지적하면서, 동학이 신흥 부르주아의 이해를 반영하는 진보적 농민운동이었다고 진단합니다. 이후 동학은 교리를 체계화하

면서 천도교로 개칭하는데요. 제3대 천도교 교주였던 손병희孫秉熙(1861~1922)를 거론하면서 그가 일본에 체류했을 때 아시아주의의 영향을 강하게 받았던 점을 지적하고요. 이때 일부 세력들이 친일 단체인 일진회一進會로 빠져나가는데, 그러지 않고 남아 있던 세력들도 사실상 일제와 평화롭게 공존했다고 보았습니다. 천도교가 식민지 자본주의로 고통받는 농민들의 불만과 투쟁 의지를 신비주의적 교리와 의례로 잠재웠다고 평가하고요. 또한 3·1운동 때 천도교 지도자들이 민중의 폭력적 행동을 경계한 것은 대중의 급진성을 가로막은 것이라고 비판합니다.

1922년에 손병희가 사망한 뒤 천도교는 독립 투쟁 노선을 따르던 손병희 계열의 구파와 민족 개조론을 주장한 최린崔麟(1878~1958) 계열의 신파가 엄청나게 대립하는데요. 박애는 천도교 구파에게 다소 기대를 걸었는데, 최성우는 구파와 신파 모두 급진적이지 않으며 이들은 조선 반도의 남부와 북부라는 지리적 기반 차이가 있을 뿐 이념 차이는 없다고 봤어요. 또한 신파가 《동아일보》의 타협적 민족주의자들과 가깝다는 점도 지적합니다.

최성우는 천도교에 대한 이념적 진단과 함께 교인 집단도 분석하는데요. 인원은 10~13만여 명이고, 빈농보다 부농과 중농이 많으며, 최고 지도층은 상당히 부유해서 급진성을 기대하기는 어렵다고 봤습니다.

지금의 관점에서 본다면 당시에는 천도교 세력과의 연대가 상당 부분 필요했습니다. 그건 부인할 수 없어요. 하지만 기본적으로 이 종교가 보수적이었다는 점은 충분히 수긍할 만합니다. 가령 동학 관련 문서를 읽어보면 노비 해방과 관련한 이야기가 나오긴 하는데, 그럼에도 지주의 토지를 빼앗아서 빈농에게 나눠주는 토지 재분배 같은 건 동학 혁명 때도 그다지 없었어요. 이런 걸 요구하지 않았던 거예요. 이런 동학의 한계를 최성우가 포착하고 있었던 것이지요.

그는 당시의 조선 상황을 공산주의적 사회과학 이론의 틀로 냉철하게 분석합니다. 급진파의 시각으로 볼 때 식민지 조선이 어떠했는지가 고스란히 드러나지요. 최성우의 분석은 코민테른에서 투쟁 전략을 짤 때 기반이 되었고, 조선공산당 강령을 만들 때도 밑거름이 됩니다.

조선공산당 강령은 해방 직후 북한의 민주개혁 과정에 영향을 미쳤을 거예요. 남녀 평등법, 토지개혁, 무상의료와 무상교육 등의 정책은 이미 조선공산당 강령에 들어 있던 것들이지요. 북한에서 민주개혁을 추진한 이들은 대체로 사회주의 서클 내지는 노동·농민 운동 출신이었을 테니 이 강령을 기억하고 있었을 것이고, 새로운 나라를 만들 때 이런 정책을 시행해야 한다는 생각을 공유했을 겁니다. 최성우는 이른 나이에 죽었지만, 그가 펼쳤던 미래를 향한 구상은 이렇게 이어진 것이지요.

상해와 모스크바를 무대로
활동가이자 이론가로 활약하다

그렇다면 최성우에 이어 또 한 사람의 조선에 대한 사회주의적 분석가의 생애를 살펴보겠습니다. 최성우는 포경선 선원으로 노동을 하다가 나중에 형의 땅 관리인이 된 아버지 아래에서 그다지 부유하지 않게 성장한 것으로 알려져 있는데요. 이어서 소개할 양명은 경남 거제의 부호 집안에서 태어났습니다. 부산상업고등학교와 경성고등보통학교를 거친 뒤 그는 3·1운동 직후에 북경으로 유학을 가요. 만세 운동이 일어난 뒤 민족운동의 가능성을 모색하고자 북경행을 택한 게 아닐까 싶습니다.

양명은 북경대학 문과에서 6년간 공부하는데요. 당시에 이곳에서는 중국에 근대적 민주론의 기반을 닦은 후스, 중국 근대 사학의 기초를 마련한 푸쓰녠傳斯年(1896~1950) 등이 강의를 하고 있었습니다. 운이 좋았다면 북경대학 도서관 사서로 일하던 마오쩌둥毛澤東(1893~1976)이라는 젊은이와 마주쳤을지도 모르지요. 북경에서 양명는 점차 급진화되어 사회주의자가 되었어요. 1925년 1월에는 혁명사革命社라는 조직에 가입했고, 《혁명》이라는 잡지 발간에도 참여합니다.

그러다가 1925년 8월에 경성으로 돌아온 그는 《조선일보》에 취직합니다. 《조선일보》는 《동아일보》에 비해 비타협적인 민족주의

1920년대 북경의 거리 풍경. 당시에 재정적 여력이 있어 유학이 가능했던 많은 조선인들은 일본행을 택했는데, 양명은 중국의 북경대학에서 수학했다.

성향이 강했고, 마르크스주의자들도 상당히 많았던 곳이에요. 박치우도 그 뒤에 여기에서 일을 했고요.

이때 양명은 안광천安光泉(1897~?)의 소개로 조선공산당에 가입합니다. 안광천은 의사이면서 조선공산당의 이론가로 꽤 비중을 차지했던 인물이지요. 1930년대 초반부터 그는 어디론가 사라졌는데, 코민테른은 그때부터 그를 일제의 밀정이라고 간주합니다. 양명은 1926년 3월 레닌주의 동맹Leninist League 결성에 참여한 뒤 ML파로 활동하는데요. ML파는 조선공산당 내에서의 분파 싸움을 지양하고 철저히 계급론에 기반한 공산당을 만드는 것을 목표로 삼았습니다. 지금 한국에서는 거의 기억하는 사람이 없지만, 중국공산당에서 활약하여 영웅 중 한 사람이 된 한위건이 이때 양명과 아주 가깝게 지냈어요. 양명은 조선공산당 제2차 대회에서 중앙위원 후보로 선임되고, 고려공산청년회 책임비서로 선출되는 등 조선 사회주의 활동의 중심으로 파고들지요.

당시에 상해는 코민테른에서 파견 나온 활동가들이 상주하는 등 국제적인 공산주의 활동이 이뤄지던 곳입니다. 양명은 기자였기에 외유가 비교적 자유로웠고, 1927년 8월에는 《조선일보》 특파원으로 상해에 파견되기도 해요. 그는 상해에서 코민테른의 자금을 받은 뒤 경성으로 돌아와 조선공산당에게 전달해주는, 요즘 말로 하면 재정부장 일을 했습니다. 하지만 1928년 2월에 이르면 제3차 조선공산당 검거 열풍이 불면서 활동가들이 대거 붙잡히게 돼요. 양명은 이를 피해 비교적 안전한 상해로 도피하지요.

이때가 그의 삶에서 가장 행복했던 시절이 아니었을까 싶습니다. 양명은 상해에서 조원숙趙元淑(1906~?)과 사랑에 빠집니다. 1927년 5월에 만들어진 항일 여성운동 조직 근우회槿友會에서 활동한 사회주의자로 상당한 이력을 쌓은 활동가였지요. 당시에는 가족이 모두 사회주의 운동에 투신하는 경우가 많았는데, 조원숙의 오빠 조두원趙斗元(가명은 이스크린, 1903~1953)은 코민테른에서 활동한 동방노력자공산대학 출신의 조선인으로 화요회 멤버이기도 했습니다. 조두원은 초창기 북한에서 꽤 많은 활동을 했는데, 남로당 숙청 때 사망하지요.

양명과 조원숙은 상해에서 만나 4개월간 동거하는데요. 조원숙이 한 인터뷰에서 이 시절 이야기를 한 적이 있습니다. 첫 달은 너무 행복했고, 그다음 한두 달은 남편이 소련 동지들을 안내해야 해서 외출이 너무 잦아 힘들었다고 해요. 이때 조원숙은 임신한 뒤 조선으로 돌아갑니다. 왜냐하면 남편이 기약도 없이 모스크바로 가버렸기 때문이에요. 1928년 6월, 양명이 코민테른 제6차 대회에 조선 대표로 파견되었거든요. 내일을 기약할 수 없는 상황에서 행복을 만끽하며 지냈겠지만, 그 시간은 너무나도 짧았습니다.

이후 양명은 자기 자식의 얼굴도 보지 못합니다. 조원숙은 시댁인 경남 거제도로 가서 시어머니 밑에서 밭일도 하고 산파 일도 하면서 아이를 키우며 살아가요. 해방이 되고 나서 그녀는 독립운동을 한 공을 인정받아 북한에서 제1차 최고인민회의 때 대의원으로 선출됩니다. 지금으로 말하면 국회의원에 상응하는 보직을 받은 거지요. 조원숙은 결국 아이를 남한에 둔 채 월북하는데, 그 뒤로는 소식이 없습니다. 남로당 숙청 때 오빠와 함께 죽지 않았을까 짐작합니다.

한편 양명은 이후 사회주의 활동가로 큰 활약을 합니다. 모스크바의 코민테른 동양부에 조선공산당에 대한 보고서를 제출한 뒤, 그는 블라디보스토크로 넘어가서 ML파 간부들과 만나 조선공산당 재건을 논의하고요. 이후 2년간 북경에 머물면서 ML파 기관지인 《계급투쟁》을 발행합니다. ML파의 트로이카인 양명, 안광천, 한위건이 여기에 글을 썼는데요. 이 잡지에 수록된 글들은 일본에서 『조선 전위당 당면의 문제』라는 책으로 출간되었는데, 상당한 인기를 끌기도 했습니다.

이때 상해에 있던 김원봉金元鳳(1898~1958)도 함께 활동한 것으로 짐작되는데요. 그는 의열단義烈團에서 독립운동을 하다가 사회주의자가 된, 그럼에도 민족주의자들과 가까웠던 인물이지요. 장제스蔣介石(1887~1975)와도 교유했는데, 국민당의 자금을 지원받아 공산당 활동에 쓰기도 한 재미난 분이에요. 1930년에는 북경에 레닌주의정치학교를 설립해 사회주의자를 양성하기도 했고요. 양명은 이런 이들과 같이 북경에서 활동을 벌여 나갑니다.

하지만 북경에도 어두운 그림자가 드리웁니다. 탄압이 심해지면서 이곳이 더 이상 안전하지 않게 된 거예요. 과거 의열단 단장으로 명성이 자자했던 김원봉은 국민당의 도움이라도 받을 수 있었겠지만, 양명에게는 기댈 곳이 없었습니다. 그는 1930년 8월에 다시 모스크바로 돌아가요. 그다음 해 12월부터 양명은 동방노력자공산대학에서 연구원 생활을 시작합니다. 활동가에서 연구자로 포지션을 바꾼 것이지요.

동방노력자공산대학에서 11개월간 일한 뒤 양명이 배정받은 직장은 외국인노동자출판부였습니다. 이곳에서는 세계 각국의 언어로 공산주의에 대한 책을 펴냈는데요. 조선어 출판물도 출간했고, 양명은 이를 감수하는 작업을 하지요. 외국인노동자출판부는 1964년에 프로그레스 출판사Progress Publishers로 이름을 바꿉니다. 가장 정확한 마르크스, 엥겔스, 레닌 전집을 영어로 펴낸 곳으

조선 사회주의자 열전

1920년대 말 모스크바에 있던 공산주의자들. 앞줄 왼쪽 두 번째부터 김단야, 박헌영, 양명. 뒷줄 오른쪽에는 베트남의 혁명을 이끈 호찌민의 모습이 보인다.

로 유명하지요. 지금도 해외 마르크스주의자들이 이들의 말을 인용할 때 이 전집을 참조하고 있고요.

양명은 최성우보다 먼저 밀려나기 시작합니다. 최성우는 법적으로 소련 국적이었던 데 비해 양명은 외부인이었으니 그랬을 거예요. 그리고 상해 시절에 일본 《아사히신문朝日新聞》 기자가 양명과 이야기를 나눈 뒤 그의 활동을 신문에 언급한 적이 있는데, 이것이 그를 모함하는 세력들에게 좋은 빌미가 되었습니다. 게다가 '부자의 자녀'라는 점도 안 좋게 작용했지요. 그래서였는지 양명은 1935년부터 반동 혐의를 받기 시작했고, 그해에 체포된 뒤 다음 해에 수용소로 들어갑니다. 이때 최성우는 몇 건의 시말서와 해명서를 제출해서 자신이 양명의 친구 관계였다는 점을 극구 부

1920년 이후 모스크바로 망명한 양명이 살았던 곳의 주소, 아파트 호수는 기록으로 남아 있다. 그 아파트가 헐린 자리에는 초호화 아파트가 들어서 있다.

인해요. 그렇게 해서라도 살아남으려 했던 겁니다.

1935년 이후 양명에 대한 기록은 어디에도 남아 있지 않습니다. 해방 이후 거제도에서 그를 목격했다는 말이 떠돌았지만, 사실이 아닐 겁니다. 나중에 그가 명예 복원된 문서는 남아 있지만, 사망증명서는 없는데요.

당시의 소련에서는 총살하기 30분 전에 마지막 사진을 찍었습니다. 사망증명서에 그 사진을 붙여두었지요. 그래서 우리는 죽기 직전의 부하린, 그리고리 지노비예프Grigory Zinoviev(1883~1936), 레프 카메네프Lev Kamenev(1883~1936) 등의 얼굴을 볼 수 있습니다. 그런데 양명은 그냥 지구상에서 사라져버린 거예요. 당시의 사회주의 활동가들이 얼마나 위험한 삶을 살았는지 알 수 있는 사례일 겁니다.

조선 사회주의자 열전

급진파가 써내려간 조국의 현실,
낙관과 비관 사이에서

양명은 많은 글을 러시아어로 남겼는데, 문장이 다소 어색한 걸 보면 그가 직접 쓴 것으로 추정됩니다. 하지만 내용은 상당히 정확했어요. 가장 먼저 살펴볼 글은 양명의 「조선 민족 개량주의론」 (『민족 식민지 문제 자료집』, 1933년 1월호)인데요. 여기에서는 이광수부터 배성룡裵成龍(1896~1964)까지 좌우파를 막론해 조선의 주요 논객들에 대한 사회과학적 비판을 펼칩니다. 배성룡은 애당초에 화요회 멤버로 활동하다가 사민주의자로 온건화하면서 체제와 타협 아닌 타협을 했고, 해방 이후에는 대학에서 강사로 학생들을 가르쳤던 인물인데요. 일제강점기에 전향을 하면서 대한민국에서도 무탈하게 살았지만, 마르크스주의자라는 과거 전력이 있는지라 대학에 교수로는 자리 잡지 못했지요.

양명은 민족주의 진영 논객부터 전향한 사회주의자까지 이들의 이데올로기를 체계적으로 분석하는데요. 우선 그는 식민지 근대화론자로 배성룡을 지목합니다. 식민지 근대화론은 일제가 조선을 저개발화한 게 아니라 실제로 개발했다고 보는 이론인데요. 배성룡을 그렇게 보는 것은 지나치지만, 그가 일제에 의한 '개발'을 부정 일변도로만 보지 않은 것도 사실입니다.

또한 양명은 조선 민족에게 타고난 특성이 있다는 조선 민족 특수론, 그러한 민족성을 바꿔야 한다는 조선 민족 개조론을 지적합니다. 이광수 같은 친일 문인이나 이돈화 같은 천도교 계열 사상가들의 민족 개조론을 비판하지요. 일제와 손잡고 만주를 탈환해야 한다는 논리를 거론하면서 타협적 민족주의의 문제를 설파하기도 하고요. 전반적으로는 실력 양성론으로 대표되는 당시 주류 담론의 한계를 잘 지적했다고 할 수 있습니다.

그런데 양명은 김명식 같은 비주류 논객까지 비판의 대상으로 삼아요. 급진성이 부족하고 합법 조직과 활동에 치우친 사회개량주의자라고 본 건데요. 급진파의 눈으로 식민지 조선 사회의 지식인 지도를 그려봤을 때, 일제강점기 후반에 무당파 진보 평론가로 살아가던 김명식마저도 문제적이었던 겁니다.

한편 조선 노동자를 분석한 재미있는 글이 한 편 있는데요. 「조선 노동계급 형편」(『민족 식민지 문제 자료집』, 1933년 4월호)에서 양명은 일본에 종속된 식민지 조선의 기형적 자본주의를 거론합니다. 노동자들이 경제적으로만 착취당한 게 아니라 일본인과 조선인 간의 임금 차별, 중간 업자들의 횡포에서 비롯한 중간착취, 돈이 아닌 현물로의 임금 지급, 12~13시간에 이르는 장시간 노동, 산업 재해가 빈번하게 일어나는 고위험 노동 등이 함께 진행되었다는 거예요. 그러니 조선 노동자들은 일본과 만주로 살길을 찾아 떠나기도 했고요. 식민지 노동계급의 문제를 정확히 포착하고 있었던 건데요.

조선 사회주의자 열전

양명은 기형적 자본주의하에서 어떻게 노동계급이 형성되는지도 분석합니다. 흥미롭게도 그는 조선의 노동계급을 20 대 80의 이중 구조라고 봤어요. 20퍼센트는 공식 부문에 종사하는 숙련공이고, 80퍼센트는 하루하루 벌어 살면서 안정적인 삶을 살지 못하는 소위 자유노동자라고 본 겁니다. 지금의 한국 사회도 전체 노동자의 20퍼센트가량이 공공 부문과 대기업에서 일하고, 80퍼센트가량이 중소기업과 비정규직 노동자로 일하고 있으니 여전히 비슷한 상황이라고 할 수 있겠지요.

이외에도 양명은 굉장히 많은 글을 썼는데요. 「조선 농민운동론」(『민족 식민지 문제 자료집』, 1933년 5~6월호)을 살펴보면, 그는 《동아일보》에서 벌인 브나로드운동에 비판적 입장을 보입니다. 브나로드운동은 국어 교과서에 실려 있는 심훈沈熏(1901~1936)의 소설 『상록수』(1935)를 통해 우리에게도 잘 알려져 있는데요. 우선 양명은 당대를 세계 대공황으로 사회주의 운동이 드높아지는 시기로 보면서 사회주의와 농민운동의 공조가 확산되고는 있지만 아직 농민운동의 조직화가 덜 되었고 자연 발생적인 상태라고 진단합니다. 이때 《동아일보》가 독자층을 넓히기 위해 브나로드운동을 전개했으며, 이 운동이 급진적 운동에너지를 흡수해버렸다고 본 건데요. 차후 《동아일보》 계열의 움직임을 본다면, 이런 분석이 틀렸다고 보긴 어렵지요.

당시에 《동아일보》와 《조선일보》는 소작 쟁의가 빈번하게 일어

《동아일보》에 실린 브나로드운동의 선전 포스터. '브나로드(V narod)'는 '민중 속으로'라는 러시아 말로, 이상 사회를 만들려면 지식인이 민중을 깨우쳐야 한다는 취지로 만든 구호이다.

나니 조선총독부가 직접 개입해서 지주와 소작인 사이의 분쟁을 중재해야 한다고 주장했어요. 조선의 농업경제를 통제하면서 전쟁 준비도 하려 했던 조선총독부로서는 이런 민족주의자들의 요구를 마다할 이유가 없었지요. 조선총독부는 1933년에 조선소작조정령을 시행합니다. 1927년에 전국 단위의 농민운동 단체로 결성된 조선농민총동맹은 일제의 탄압으로 양명이 '사회개량주의자'라고 부르는 온건파에게 장악된 채 식물화되고 말지요. 이렇게 양명이 짚어낸 지점들은 오늘날 식민지 시기 농민운동 연구자들에게도 언급되고 있습니다.

「조선 농민운동론」에 이어 양명은 「조선 노동운동론」(『민족 식민지 문제 자료집』, 1933년 7월호)도 집필했는데요. 이 글에서는 1929년 벌어진 원산 총파업에 대해 자세히 묘사하고 있습니다. 현실적 접근이 돋보이는 만큼 비관적 진단도 들어 있는 글이에요. 이 시기에 벌어진 대부분의 파업은 자연 발생적이면서 정치색도 부족하고, 적색 노조 운동은 아직 걸음마 단계라고 진단합니다. 이때 이재유 같은 활동가들이 이런 문제를 해결하려고 지하에서 노력하고 있었는데, 모스크바에 있던 양명은 이런 흐름을 알지 못했지요.

그가 조선의 노동운동에서 주목한 부분은 두 가지인데, 하나는 여공들의 활동이었습니다. 여성이 해방되려면 급진화해야 한다면서 여성운동에 주목하는 친페미니즘적 사고를 보여줘요. 나머지 하나는 일본 노동자와의 연대인데요. 일제의 편에 서는 한계가 있는 일본 노동자들을 어디까지 끌어들일 수 있는가가 쟁점이었지요. 당시에 코민테른은 조선인, 중국인, 일본인이 어떻게 하면 함께 조선에서 계급투쟁을 할 수 있을지에 고민하고 있었습니다. 실제로 이게 얼마나 가능할지 의문이 들긴 하지만, 어쨌든 코민테른은 국제 연대를 지향했고 양명 역시 이런 생각을 피력했지요.

중앙의 이론적 틀로 주변부를 바라본
조선 운동의 중재자들

이제까지 급진파의 시선으로 식민지 조선의 현실을 바라보며 분석했던 최성우와 양명의 삶과 글을 살펴보았는데요. 일단 이들은 기형적 자본주의 때문에 일제강점기의 노동계급이 경제 외적인 억압까지 받아야 하고, 아무리 개발이 되어도 노동자의 입장이 나아지지 않는다는 사실을 직시했어요. '개발의 저개발화' 이론의 원천에 해당하는 담론을 폈던 건데요. 이는 1960년대에 안드레 군더 프랑크Andre Gunder Frank(1929~2005) 등이 제기한 종속 이론으로 이어집니다.

최성우와 양명의 식민지 시대 조선에 대한 관찰은 상당히 치밀했습니다. 이들은 당시 매판자본가들의 경제적 이해관계, 특히 만주로 진출하기 위한 야욕을 계기로 친일화되어가는 모습을 예리하게 살핍니다. 또한 《동아일보》와 《조선일보》 같은 언론이 일제의 뜻에 부합해가는 모습도 포착해 분석해요.

하버드 대학의 카터 에커트Carter Eckert 교수가 펴낸 『제국의 후예Offspring of Empire』(1991)는 경성방직, 《동아일보》, 고려대학교를 세운 고창 김씨 집안을 통해 한국 자본주의의 기원을 살펴본 책인데요. 여기에서 분석한 경성방직과 《동아일보》의 지향과 행태는 최성우와 양명이 바라본 것과 별반 다르지 않습니다. 그렇게 본다면 이들의 분석은 꽤나 선구적이었지요. 하지만 이들은 결국 형장의 이슬로 사라져야 했습니다. 세상은 참 불공평해요. 카터 에커트가 보여준 분석의 맹아가 최성우와 양명의 글에 녹아 있는데, 그 누구도 이들에게 하버드 대학 교수직을 제안하지는 않았지요. 그들의 존재가 아주 부분적으로 미국의 공산주의 운동사 연구자들에게 알려진 것도 1960년대 후반 정도입니다.

　한편 이들은 중앙의 이론적인 틀로 주변부를 바라보고, 주변부의 상황을 중앙에 전달한 중재자였습니다. 국제 사회에 조선의 상황을 번역해 전해준 이들이었지요. 그러면서도 밑에서의 움직임에 대단히 신경을 곤두세우고 있었습니다. 이들은 폭동과 소요를 비롯해 민중들이 들고 일어나는 사건들을 자신의 글에서 하나하나 열거합니다. 이들에게 민중의 폭발은 생명과도 같은 일이었어요. 공산당이 이 민중들을 지도했든 안 했든 간에, 이들의 시선은 민중의 움직임과 흐름을 열심히 추적하고 있었던 거예요. 이것이 연구자이자 활동가였던 당시 사회주의자들의 모습이었습니다. 이처럼 공부하면서 활동하고, 활동하면서도 이론화 작업을 하는 것은 당시 사회주의 운동의 큰 힘 중 하나였어요. 오늘날에도 급진적인 세력들이라면 이런 태도를 한번쯤 되새겨봐야 하지 않을까 싶습니다.

한위건

중국공산당의 노선을 파고들어 활약한
이념형 운동가

이번에는 조선뿐 아니라 중국의 사회주의 운동에도 상당한 영향을 미친 한위건에 대해 살펴보려 합니다. 그는 1896년 5월 2일(음력) 함경남도 홍원군 용원면 동촌리에서 태어났습니다. 함경남도는 사회주의 운동의 본고장 중 하나인데다가 홍원은 일제강점기에 혁명의 기운이 꽤나 강했던 곳입니다. 오기섭^{嗚琪燮}(1903~?), 정달헌^{鄭達憲}(1899~?) 등은 모스크바의 동방노력자공산대학에 유학한 이 지역 출신 활동가들이었지요.

한위건은 교육을 받을 수 있을 만큼 여유가 있는 부농 집안에서 성장했습니다. 당시에 조선의 혁명가들 가운데는 양반 출신도 있었고 빈농 출신도 있었지만, 한위건처럼 넉넉하게 사는 농민 출신들이 꽤 많았어요. 《대한매일신보》 1910년 6월 8일자 기사를 보면, 그는 중성학교 '2년급 우등생'이었고 집안에서 학교에 의연금을 내기도 했습니다. 공부를 꽤 잘한 모범생이었던 데다가 경제적 여유도 있었던 거지요. 그렇게 그는 근대식 교육을 받으면서 '개화'를 받아들였을 테고요.

한위건은 열여덟 살에 경성으로 옮겨와서 종로구 낙원동에 있던 오성학교에 다녔습니다. 원래 이 학교는 서북학회에서 민족 사학으로 설립한 서북협성학교였는데, 1910년에 오성학교로 이름을 바꾸었지요. 계몽운동과 계보적 연계성이 있고, 민족의식과 항일적 분위기가 강한 학교였고요. 1916년 3월, 한위건은 이 학교를 우등 졸업합니다.

그는 오성학교를 다니던 때 고향에서 중매결혼을 한 것으로 추정되고, 학교를 졸업한 다음해에 딸을 얻습니다. 나중에 이혼을 했고, 딸을 엄마가 키웠는데요. 그 자손이 현재 대한민국에 살아 계십니다. 2005년 한위건에게 건국훈장 독립장이 추서되었을 때, 그분이 자기 할아버지의 훈장을 대신 받았지요. 한위건은 이혼 뒤에 국내인 신여성과 결혼하고, 그녀가 사망한 뒤에는 중국인 여성과 또다시 결혼했습니다.

모범생이었던 한위건은 1917년 치열한 경쟁을 뚫고 경성의학전문학교에 입학합니다. 이 학교의 전신은 1899년 관립으로 설립된 경성의학교인데, 일제강점기에 조선총독부에서 의학강습소로 격하시켰다가 이를 전문학교로 만든 곳이었습니다. 이 시절에 한위건은 운동권이 되었고, 안광천이라는 재미난 선배도 만납니다. 나중에 한위건은 안광천과 함께 도쿄로 유학을 가고, 1922년 유학생 사회주의 단체인 북성회 사람들과도 교유하게 되고, 이러한 인연으로 조선공산당에 입당한 것으로 추정됩니다.

한위건은 부농에다가 개화에 관심 있는 집안 출신이니 고향에서는 기독교계 사람들과 인연이 있었을 겁니다. 그래서였는지 의대를 다니면서 만나게 된 또 하나의 인물이 YMCA 간사였던 박희도였습니다. 그는 우리나라 최초의 사회주의 잡지인 《신생활》을 펴내기도 했는데, 이후 우경화되어서 해방된 뒤 반민특위에 회부될 정도로 친일 행각도 많이 했던 인물입니다. 1919년 3·1운동을 준비하면서 박희도는 중요한 실무를 맡게 되는데, 그와 인연이 있던 한위건은 3·1시위 때 의대 친구들을 데리고 파고다공원에 가요. 여기에서 역시 친구들과 함께 온 경성전수학교 학생 윤자영尹滋瑛(1894~1938)도 만나게 되지요. 윤자영은 이후 상해파 고려공산당에서 활동하다가 모스크바에 간 뒤 반동분자로 낙인 찍혀 총살을 당하는 비극적 최후를 맞이하는 인물입니다.

3·1운동에 참여한 모범생, 상해와 도쿄에서 급진적 활동을 벌이다

3·1운동에 참여했던 한위건은 이 운동이 배태한 많은 활동가들이 그러했듯이 1919년 4월 초에 상해로 피신합니다. 당시의 상해는 동아시아에서 최첨단 근대의 중심지였고, 국제공동 조계지와 프랑스 조계지가 있어서 일본 제국과 달리 비교적 자유롭게 사회

1919년 상해임시정부의 입법 기관인 임시의정원 사람들의 기념사진. 3·1운동에 참여했던 한위건은 상해로 피신한 뒤 임시의정원에서 활동한다.

운동을 할 수 있었지요. 초기 한국의 공산주의자들 상당수는 상해에서 신념을 키우고 조직 활동을 시작했는데, 이 시기에 한위건은 공산주의자라기보다는 급진 민족주의자로 상해임시정부의 입법 기관인 임시의정원에서 활약합니다.

그런데 이때 상해임시정부에서 활동하던 여운형이 도일해서 일본 위정자들에게 조선 독립의 필요성에 대한 연설을 하는 등의 외교 활동을 벌입니다. 신채호를 비롯한 여러 운동가들은 여운형의 일본행을 상당히 부정적으로 보았고, 한위건도 그중 하나였어요. 그러면서 한위건은 상해임시정부 활동을 정리하고 그들과 갈라서게 됩니다. 이후에 그는 공산주의자가 되어서 끝까지 공산당 노선을 걷게 되는 한편, 여운형은 좌경화되어서 이르쿠츠크파 공산 당에 가입하고 1930년대에는 공산주의자로 활약하지만 그러다가 민족주의와 사민주의를 절충한 노선을 걷게 되지요.

한위건은 신채호와 의기투합해서 《신대한新大韓》이라는 잡지를 펴내는 등 상해에서 1년가량 이런저런 고생을 하며 활동합니다. 하지만 다시 조선으로 돌아왔다가 1920년 일본 유학길에 오르지 요. 상해 망명객들의 삶과 활동에 실망했던 것 같고, 글도 잘 쓰고 연설도 잘하는 모범생 기질이 다분했던 사람이니 좀더 공부를 하 고픈 욕망도 컸을 거예요.

일본에서 한위건은 와세다대 정치경제과에 다니면서 경성의학 전문학교를 함께 다녔던 안광천을 비롯해 하필원河弼源(1900~?), 이여성 등과 어울리게 됩니다. 하필원은 도쿄에서 같은 대학 같 은 과를 다니던 동창이었고, 이여성은 나중에 화가이자 미술사 연구자이면서 여운형과 비슷한 노선의 사회운동가로 활약하는 인물인데요. 이들은 당시에 북성회라는 사회주의 유학생 단체에 서 함께 활동하지요. 한위건이 다녔던 와세다대학은 1910년대부 터 1930년대까지 한국적 근대의 산실로 많은 조선 유학생들이 근 대성을 내면화한 곳입니다. 한국 공산주의 운동의 1세대라 할 수 있는 김명식, 김철수 등이 한위건의 선배로 바로 이곳에서 공부했 습니다.

상해에서의 그가 급진적 민족주의자였다면, 도쿄에서의 그는 급진적 민족주의와 사회주의 사이에서 동요하게 됩니다. 사회주의 사상에 본격적으로 접근하기 시작한 사상적 모색기이자 학습기였지요. 이때 조선인들이 설립한 기독교 단체인 동경조선기독교청년회에서 이사로 활동하고, 잠시 귀국해서 서울 경운동 천도교회당에서 "자본주의와 사회주의에 대한 학술적 고찰"이라는 강연을 하기도 해요. 즉 이때만 해도 한위건은 기독교인이었고, 그에게 사회주의는 주로 고찰의 대상이었어요.

도쿄에서 한위건은 각종 급진적인 활동도 벌이는데요. 가령 1923년에 이광수가 《동아일보》 신년 사설로 사실상 조선 독립을 포기한 듯한 「민족적 경륜」이라는 논문을 발표하자 《동아일보》 불매운동을 벌이기도 하고요. 대부분의 유학생들처럼 본인이 다치지는 않았지만 너무나도 많은 생명을 앗아간 관동대지진 때 벌어진 조선인 학살 사건에 대한 진상 규명 활동을 하기도 합니다.

1924년 가을에 와세다대학을 졸업하고 귀국한 한위건은 처음에는 민족주의자였던 최남선이 창간한 《시대일보》에 기자로 입사합니다. 그때까지만 해도 그는 민족주의 주류와 끈을 놓지 않았어요. 하지만 《시대일보》가 신통치 않아서였는지 이듬해 3월에 《동아일보》로 이직을 합니다. 이곳에서 지방관의 비리를 폭로해 명예훼손 소송에 휘말리는 투사형 기자로 살았고, 정치부장까지 지내며 나름대로 출세도 하게 되지요. 그전에 《동아일보》 불매운동을 벌인 분이지만 말입니다.

와세다대학은 1910년대부터 1930년대까지 한국적 근대의 산실로 많은 조선 유학생들이 근대성을 내면화한 곳이다. 1922년 와세다대학 정문의 모습.

《동아일보》를 소유했던 그룹은 지주였다가 산업 부르주아로 변모한 민족주의자들이었는데, 당시에는 《조선일보》에 비해 훨씬 타협적인 성향으로 정평이 나 있었습니다. 하지만 동시에 1920년대부터 1930년대 초반까지 《동아일보》는 사회주의자 포섭을 하나의 전략으로 삼았고, 사회주의 관련 기사들이 대중의 호응을 얻으면서 주가가 올랐어요. 비즈니스의 측면에서 이게 이득이었던 겁니다. 그렇게 만들어진 틈새에서 박헌영과 허정숙도 잠깐이나마 《동아일보》에서 기자 생활을 했고요. 1920~32년에 《동아일보》에는 공산주의 관련 기사만 해도 154건이나 실렸고, 김명식이 조선 최초로 언론에 레닌론을 게재하기도 했습니다. 그런 분위기였기에 한위건이 《동아일보》에서 일하면서 사회주의 활동을 할 수 있었던 건데, 그가 본격적으로 사회주의자들과 행동을 같이 하게 된 것은 조선공산당이 조직된 직후인 1925년 말부터인 듯합니다.

한편 1925년 11월 《개벽》지에서 "반기독교운동에 관하여"라는 특집을 기획했는데, 박헌영, 배성룡, 한위건이 기독교에 대한 비판적 글을 게재합니다. 여기에 실린 박헌영의 글은 상당히 인상적인데, 그는 미국의 백인들이 기독교를 내세워 수많은 북미 원주민들을 학살한 점을 들면서 기독교의 위선을 비판해요.

한위건은 조선과 중국의 기독교 반대 운동을 비교하는데, 중국에서는 국민당 계열이든 공산당 계열이든 기독교를 서방 제국주의의 앞잡이로 인식하면서 민족 독립운동 차원에서 반종교 운동을 벌였다고 진단합니다. 반면에 조선에서는 사회주의자들이 자기 정체성을 확립하는 과정에서 기독교 반대 운동을 벌였다고 보았지요.

사실 조선의 사회주의자들 중 상당수는 기독교와 이런저런 관계를 맺으면서 성장했습니다. 가령 박헌영은 YMCA에서 영어를 공부하기도 했고, 주세죽은 어릴 적부터 기독교인이었지요. 이들로서는 과거와의 연결 고리를 끊고 사회주의자로 변모하는 데 기독교 반대 운동이 필요했던 겁니다. 또한 한위건은 이 글에서 신의 존재 자체를 문제 삼기보다는 기독교가 사회에 미친 악영향에 초점을 맞춥니다. 조선에 서양 문물을 도입하는 데 기독교의 공이 있었지만, 그러면서도 기독교와 자본가 사이에 유착이 있다고 본 것이지요.

기자이자 활동가로
조선공산당의 중심에 파고들다

한편 이 시기에는 한위건의 개인사에서도 중요한 변화가 있었습니다. 1925년 말에 그는 이덕요李德耀(1990~1932)라는 특출난 여성과 두 번째 결혼을 합니다. 그녀는 한위건과 같은 함경남도 출신으로 함흥에서 태어나 간호사로 일하다가 일본으로 유학해서 1924년 도쿄여자의학전문학교를 졸업한 의사였습니다. 대단히 강한 의지로 자수성가한 인물인데요. 한위건과 이덕요는 도쿄에서 만나 연애를 했을 테고, 조선에 돌아와서 결혼을 한 겁니다. 그녀는 근우회 창립 멤버로 활동한 여성운동가였고, 1920년대 중반에 한위건과 함께 사회주의 진영에 발 들이게 되어서 일본 경찰의 요시찰 인물이기도 했지요.

이덕요는 조선에 온 뒤 조선총독부 부속 병원에서 잠깐 일하다가 경성 낙원동에 동양부인병원을 열어요. 당시 조선에서 몇 안 되는 여성 개업의였으니 언론의 지대한 관심을 받아 원고 청탁이 굉장히 많이 들어와서 글도 많이 썼습니다. 그래서 그녀에 대해서는 단행본 한 권을 쓸 수 있을 만큼 충분한 자료가 남아 있지요.

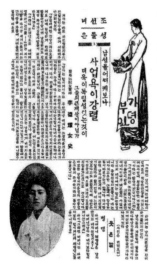

《동아일보》 1929년 10월 26일자에 실린 이덕요의 인터뷰 「조선 여성들은 남성을 어떻게 보나(2) 사업욕이 강렬」. 기자는 남자들과 같은 일에 골몰하고 허다한 남자들을 대하는 그녀의 이야기에서 뚜렷한 줄기가 보인다고 평하고 있다.

이덕요는 의사였던 만큼 의학을 비롯해 건강 문제에 대한 글을 많이 썼지만, 결혼 생활에 대한 청탁도 많이 받아서 개인사를 글로 풀기도 했습니다.

이덕요가 쓴 여러 글들을 살펴보면, 그녀와 한위건의 금슬은 매우 좋았던 것 같습니다. 연애를 한 뒤 결혼을 하고, 서로 이해하고 존경하는 동지적 공동체를 이뤘다는 식의 글이 많은데요. 「결혼하기 전과 결혼한 후, 생활상 일대 전기轉機」(《별건곤》, 1927년 2월호)에서 그녀는 자신의 결혼 생활에 대해 이렇게 말합니다.

"우리는 작년 만추 어느 날 석양에 이 조그만 새집에 가정이란 간단한 휴식소를 설設하게 되었다. 물론 최초에는 서로 빈손이 빈손을 제휴한 것 외에는 아무것도 소유한 것이 없었다. 그러므로

조선 사회주의자 열전

이 조그만 가정이나마 시작하기 전까지 두 사람은 적지 않은 공포를 느끼게 되었다. 그러나 다행히 두 사람의 이해 깊은 애적愛的 생활로 그 모든 공포와 불편을 배제할 수 있었다. (……)

참으로 애愛는 오인吾人 생활의 제일 조건이다. 허위 없는 남녀의 애적 결합은 인격의 향상, 사회의 진보, 행복 증진에 유일한 요소인 줄 안다. 피차 인격적으로 이해 가진 남녀의 애적 생활이 아니면 참다운 노력이 날 수가 없고 참다운 노력이 없는 곳에 참다운 생명이 활약할 수가 없는 것이다. 그러므로 나는 이에 성혼기에 있는 남녀에게 대하여 주저할 것이 없이 결혼 생활을 하라고 외친다(물론 애정에 의한 결혼)."

한위건이 중국으로 망명한 뒤에《삼천리》에서 이덕요에게 남편이 투옥되거나 망명했을 때 아내는 어떻게 해야 할지에 대한 질문을 해왔습니다. 이때 그녀는 수절이 대단히 어렵다는 의견을 보냈고 이후 남편을 따라 중국으로 건너가지요.

한위건의 인생에서 1920년대 중반은 여러모로 일종의 전환기였는데요. 1926년 여름에 그는 일본 유학 시절의 친구인 안광천과 하필원의 권유로 조선공산당에 들어갑니다. 한위건은 조선공산당의 합법적인 표면 단체 정우회正友會에서 활동하는데요. 정우회는 이르쿠츠크파 공산당의 명맥을 이은 화요회와 일본 유학생 사회주의자들의 단체인 일월회一月會의 연합 조직이었습니다. 여기에서는 1926년 11월 사회주의 운동의 새로운 방향을 밝힌

'정우회 선언'을 발표한 뒤 신간회를 중심으로 한 통일전선 활동을 벌이는데, 이 과정에서 한위건이 상당한 역할을 해요. 그리고 1926년 12월 조선공산당 제2차 당대회에서 중앙위원회 위원으로 피선되어 선전부장을 맡게 되지요. 한위건은《동아일보》기자이면서 지하 공산당 간부가 된 겁니다.

한위건이 간부가 되었을 때 안광천은 조선공산당의 책임비서가 되는데요. 그는 문제적 인물이었습니다. 당에서 함께 활동했던 김준연金俊淵(1895~1971)은 안광천이 일제의 밀정이었다고 주장합니다. 이에 안광천도 김준연을 배신자로 지목하지요. 김준연은《동아일보》편집국장으로 재직하던 당시에 제3차 조선공산당 사건에 연루되어 7년간 감옥 생활을 한 뒤 1934년에 출옥하는데요. 다시《동아일보》에 합류해서 주필로 활동하다가 해방 이후 한민당과 신민당 등에서 활동하는 보수 야당 정치인으로 거듭나지요.

코민테른 아카이브에는 안광천에 대한 문서가 두 개 남아 있습니다. 하나는 1928년 소련에 들어갔다가 나왔다는 내용이고, 나머지 하나는 상해발 소식에 의하면 안광천이 밀정일 가능성이 농후하므로 그를 신뢰해선 안 된다는 내용이었습니다. 사실 그가 밀정이었는지 아니었는지, 일본과 어떤 관계였고 검거는 어떻게 피했는지 등은 지금까지 명확히 확인되지 않고 있습니다. 1930년대 초반까지는 활동이 파악되지만 그다음에는 이상하게 사라져서 자취를 감춰버린 인물이지요.

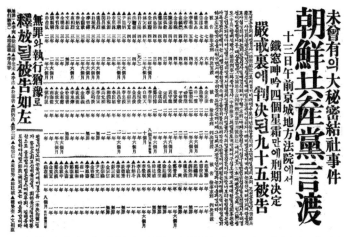

1928년 2월 2일, 제3차 조선공산당의 주요 당직자들이 검거된다. 이들은 불과 11일 만에 형을 언도받게 되는데, 1928년 2월 13일 《조선일보》는 이와 관련한 소식을 즉각 호외로 발행했다.

한편 조선공산당 간부가 된 한위건은 비타협적 민족주의자들과 손잡고 '민족 유일당'이라 할 수 있는 신간회 창립에 산파역을 맡습니다. 신간회의 모델은 중국의 국공합작이었는데, 아이러니하게도 신간회가 창립된 1927년 2월은 국공합작의 막바지로 그 다음 해에는 국공합작이 완전히 깨지면서 장제스가 대대적인 공산당 학살에 들어가요. 코민테른 또한 1928년의 '12월 테제'에는 통일전선보다 급진적인 노조·농조 조직화에 훨씬 무게를 싣고요. 하지만 신간회가 만들어진 시기는 코민테른이 좀더 좌경화가 되기 직전이자 마지막으로 통일전선을 요구하던 때였고, 조선공산당은 그 노선을 따른 겁니다. 한위건은 이때 조선공산당 선전

부장 일을 하면서 신간회 간사 일도 하게 되었고, 조선 각지를 돌면서 강연을 하기도 합니다.

그렇지만 1928년에 대대적인 검거 선풍이 불면서 지하 조선공산당은 무너집니다. 2월 2일, 일본 경찰은 제3차 조선공산당 주요 당직자들을 검거해요. 다행히 한위건은 검거망을 피했는데, 이후 일부 중국공산당 당원들은 이를 빌미 삼아 그가 '일제 밀정'이었다는 루머를 퍼트립니다. 당시에는 공산당원들의 밀정설이 난무했어요. 공산주의 운동은 대중성이 부족한 지식인 운동의 한 부류였고, 매우 좁은 틈새 가운데서 여러 이질적 개인과 그룹이 자원을 두고 암투를 벌였습니다. 일본 경찰이 누구를 회유했는지 알 수 없는 상황에다가 지하운동을 벌이다 보니 이 과정에서 불가피하게 밀정설이 자주 대두되곤 했던 거지요.

중국의 현실을 꿰뚫어보며
중국공산당 노선을 비판하다

일제의 검거를 피해야 했던 한위건은 아내를 경성에 둔 채 중국 상해로 망명을 떠납니다. 그는 조선에 있는 아내를 비롯한 친지들을 보호하기 위해 자기 꼬리를 잘라야 했습니다. 그래서 이철부李鐵夫로 개명을 하는데, 철로 만든 사람이라는 뜻의 이 이름은 스탈린(문자 그대로 직역하면 '철의 사람')을 떠올리게 하지요. 당시에 코민테른은 한 나라에 하나의 공산당을 유지하는 원칙을 철저히 지키던 때여서 중국에 있는 조선인들도 중국에서 활동하려면 중국 공산당에 들어가야 했습니다.

중국공산당에는 한인부韓人部가 별도로 있었고, 한위건은 여기에 가입 신청을 하는데요. 그의 입당 원서를 심사한 게 님 웨일스Nym Wales의 『아리랑』으로 잘 알려진 김산金山(본명 장지락張志樂, 1905~1938)입니다. 『아리랑』은 1937년 중국 연안에서 님 웨일스가 김산을 만나 들은 이야기를 기록한 책인데요. 이 책에 나오는 내지에서 온 활동가 한씨가 바로 한위건입니다. 그런데 김산은 조선에서 검거를 피한 상황이 석연치 않다는 이유로 가입이 거부돼요. 조선인 활동가의 불신으로 중국공산당에 입당하지 못하게 된 것이지요.

그럼에도 한위건은 조선공산당 재건을 위해 양명, 고경흠高景欽(1910~?) 등과 함께 상해에서 열성적으로 활동을 벌입니다. 이들은 1929년 5월부터 1930년 1월까지 《계급투쟁》이라는 잡지를 세 권 발행합니다. 여기 실린 일부 글들을 재일 활동가 김호용金浩永(가명 김중정金重政)이 눈여겨봐요. 경남 밀양 출신인 그는 무정부주의로 사회운동을 시작했다가 공산주의자가 된 이로 일본 항만노조 간부였는데, 1930년에 『조선 전위당의 당면 문제』라는 팸플릿을 발행하면서 《계급투쟁》에 실린 글들을 일본어로 번역해 수록합니다. 이때 한위건을 비롯해서 광우光宇라는 인물의 글도 함께

1936년 천진에서, 한위건과 장슈옌. 이들
은 중국공산당 활동을 하면서 인연을 맺고
동지이자 부부로 살아간다. 한위건의 사후
장슈옌은 중국공산당으로부터 한위건의
노선이 옳았다는 재확인을 받기도 했다.

번역되는데요. 광우가 누구인지에 대한 여러 학설이 있지만, 제
생각에는 그가 한위건이 아닌가 싶어 여기에서는 같은 인물로 상
정하려 합니다.

한편 1930년에 한위건은 상해에서 북경으로 거처를 옮깁니다.
그리고 그를 불신했던 김산이 1930년 11월 일본 영사관 경찰에
체포되어 조선으로 압송되자 심사를 거쳐 정식 중국공산당 당원
이 돼요. 김산은 이듬해에 감옥에서 풀려나 중국으로 돌아오지만,
이번에는 그에 대한 밀정설이 퍼지지요. 그러다가 결국 마오쩌둥
의 신임을 받던 공산당의 비밀경찰 수장 캉성康生(1899~1975)에게
총살당하고요. 당시에는 이처럼 밀정설이 정치적 탄압을 목적으
로 아주 쉽게 활용되었습니다.

　　　　　　　　　　　　　　　　　　　조선 사회주의자 열전

중국공산당 당원이 된 한위건은 북경에서 가정생활도 꾸리게 됩니다. 1931년 5월, 이덕요가 남편을 찾아 북경으로 와요. 하지만 이듬해에 그녀는 병으로 사망해서 한위건은 사랑하는 아내를 잃게 됩니다. 《별건곤》 1932년 11월호에는 「사랑이 잡아간 여인군女人群」이라는 글이 실렸는데, 연인과 현해탄에 몸을 던진 윤심덕尹心悳(1897~1926)과 함께 이덕요가 언급되지요. 한위건은 이후 중국공산당의 동지였던 장슈옌張秀岩(1895~1968)과 세 번째 결혼을 하게 됩니다.

북경에 머물던 한위건은 천진(톈진)으로 거처를 옮긴 뒤 지하 중국공산당 서기를 하는 등 상당히 중요한 직책을 맡습니다. 그러면서도 그는 조선의 투쟁 현황에 신경 써야 했어요. 1933년 여름에 한위건은 국민당 특무대에 잡혀가 옥고를 치르는데, 이때 조선 독립운동가들이 교섭을 해서 풀려나기도 합니다. 그만큼 조선과의 관계를 계속 유지하고 있었던 것이지요.

한편 당시에 중국공산당의 공식적인 영도권은 왕밍王明(1904~1974)이 쥐고 있었습니다. 그는 모스크바 중산대학에서 유학하고 돌아와 중국에서 활동했고 코민테른이 신뢰하던 '모스크바파' 인물이었는데, 그런 만큼 코민테른의 노선을 교조적이면서도 과장되게 실행해야 하는 입장이었어요. 세계 대공황 직후였던 이 시기에 코민테른은 혁명적 상황이 조성될 수 있다고 믿었고, 전 세계의 공산주의 운동도 최대한 급진적으로 나아가야 한다고 보았습니다. 실제로 대중이 급진화될 여지는 충분히 있었지만, 중국 현실에 무지했던 코민테른 지도부는 급진화의 구체적 방법을 올바르게 설정하지 못했지요. 그런데 왕밍은 중국에서 이런 비현실적인 노선을 펼치려 한 것이고요.

이런 상황을 한위건은 매우 잘 파악해서 1933년부터 이듬해까지 이를 비판하는 문서를 중국공산당 정기간행물에 제출합니다. 왕밍은 도시나 농촌에서의 모험주의적인 반란을 주장했는데, 한위건이 볼 때 이런 노선은 궁극적으로 소부르주아적인 것이었고 실제로는 공산당의 대중화가 필요한 시기라고 보았어요. 코민테른 지도부에 비해 중국 상황을 훨씬 잘 파악하고 있었기에 이런 진단이 가능했지요.

그런데 대장정이 한창이던 1935년 1월에 중국공산당, 나아가 동아시아 공산주의 역사를 바꾼 획기적인 전환의 시간이 도래합니다. 중국 귀주성貴州省(구이저우성)의 작은 도시인 준의遵義(쭌이)에서 대장정 중인 중국공산당 중앙정치국이 차후 노선을 결정하기 위한 회의를 벌이는데요. 이 회의 전까지 중국공산당의 당권은 왕밍과 스물여덟 명의 볼셰비키들, 즉 모스크바 중산대학이나 국제레닌대학 출신들이 쥐고 있었습니다. 이들은 대부분 모스크바 유학을 갈 만큼 넉넉한 집안 출신이었고, 그만큼 대중성이 떨어지면서 중국의 현실을 잘 알지 못했지요.

그런데 준의 회의에서 당권파였던 모스크바파 출신의 보구博古

상해 출신의 화가 선야오이(沈堯伊)가 그린 유화 〈준이 회의〉 일부. 회의 당시의 엄숙하고 강렬한 분위기와 함께 각 인물들의 개성이 섬세하게 표현되어 있다.

(1907~1946)는 마오쩌둥을 중심으로 한 토종파와 충돌해서 완벽하게 패배합니다. 마오쩌둥은 왕밍 노선이 비현실적이고 비대중적이며 중국 실정에 맞지 않는다고 신랄하게 비판하면서 이 노선 때문에 상당한 손실을 입었다는 점을 구체적으로 밝혀요. 준의 회의를 거치면서 중국공산당의 당권은 토종파에게 넘어가고 대중적이고 현실적이면서 기층을 중심으로 한 노선이 자리 잡지요. 이러한 전환의 흐름은 현재까지도 이어져서 마오쩌둥의 후계자들이 중국을 다스리고 있고요.

앞서 언급했던 한위건의 왕밍 노선에 대한 비판은 초기에 받아들여지지 않았습니다. 그런 비판에 반발해 중국공산당에서는 그를 배제하고 고립시키려 했어요. 하지만 마오쩌둥을 중심으로 한 토종파들이 당권을 장악한 뒤에는 한위건의 비판이 그 정당성을 인정받았지요. 실제로 준이 회의에서 마오쩌둥이 보구에게 했던 비판은 한위건이 왕밍에게 했던 비판과 상당 부분 공명하고 있었고요. 이후 마오쩌둥에 이어 중국의 국가주석이 되는 류사오치劉少奇(1898~1969)가 1936년 천진에 들러서 한위건을 하북河北(허베이) 성위로 임명하는데, 이렇게 그는 중국공산당의 고급 간부가 되면서 당의 인정을 받게 됩니다. 준이 회의의 결과로 마오쩌둥 계열이 득세하면서 한위건 역시 출세를 하게 된 거예요.

마오쩌둥은 자신의 전집에 한위건에 대한 찬사를 남기기도 했는데요. 실사구시한 사람, 빈 이야기를 좋아하지 않는 사람, 유물론적·변증법적 혁명관의 소유자로 한위건을 묘사했습니다. 마오쩌둥의 입장에서는 한위건이 자기 논지를 이전에 훌륭하게 토로해준 사람이었던 것이지요. 그렇게 한위건은 중국공산당 역사에서 상당히 좋은 인물로 평가를 받게 됩니다.

하지만 1937년 5월, 혁명의 수도 연안에서 개최된 소비에트 지구 대표자 회의에 참석하러 갔다가 한위건은 장티푸스와 폐결핵으로 병사하고 맙니다. 사후에 그의 중국인 아내였던 장슈옌은 당 중앙에서 한위건의 노선이 옳았다는 증명서까지 받아냈습니다. 공산당이 중국을 점령하고 신중국을 건설했을 때 장슈옌은 북경에서 당 간부로 일하다가 문화대혁명 때 비판을 받아 비극적으로 옥사하고요.

급진적이고 계급론적이던 한위건,
그가 바라본 조선의 모습

이번에는 한위건이 쓴 글들을 통해 그의 사상을 살펴보겠습니다. 맨 먼저 살펴볼 「조선 혁명의 특질과 노동계급 전위의 당면 임무」(《계급투쟁》, 1929년 5월호)는 그가 상해에서 《계급투쟁》을 만들었을 때 창간호에 실은 글입니다. 한위건의 기본적인 혁명관, 당대 상황에 대한 인식, 그리고 당 건설론이 담겨 있지요.

일단 그는 일본 유학생 출신이면서 중국에 거주한 경험도 있었던 만큼 시야가 넓었고 세계사적인 분석을 중시했습니다. 자본주의가 위기에 휩싸이면서 제2차 세계대전이 도래하리라는 점을 중요한 상황으로 지적했어요. 대공황과 함께 세계적인 시장 재분할이 이어지면서 전쟁이 가시화되고 있다고 본 것이지요. 타이밍이 정확히 들어맞진 않지만 전쟁이 임박했다는 예측은 정확했고요. 이때 조선 노동계급의 가장 큰 임무는 반전운동을 벌이면서 소련과 중국의 혁명에 동맹으로 활약하는 것이라고 보았습니다. 그만큼 그는 국제 연대를 중시했지만, 실제 상황은 '국제 연대' 중심으로 돌아가지 않았지요.

그렇다면 한위건이 본 조선은 어떤 나라였을까요. 그는 조선이 일본 제국주의를 위한 원료 공급처이자 완제품 시장이면서 유망한 투자처였다고 보았습니다. 노동법이 정비되어 있지 않아서 권리를 주장하기 어려운 값싼 노동력이 풍부하고 전기세와 공업 원료도 저렴하지만, 관세 장벽이 있어서 일본 외의 다른 나라와 무역을 하기 힘든 곳이었다고 지적하는데요. 레닌이 말했던 전형적인 식민지로 본 것이지요.

원료 공급처인 만큼 산업화가 잘 진행되기 어려웠고, 노동계급이 적으면서 운동의 역사가 일천한 만큼 노동자가 아닌 지식인이 사회운동을 벌이게 되는데, 한위건은 그런 데서 여러 폐단이 생긴다고 지적합니다. 예를 들면 상당수의 지식인들이 토지 소유자인 지주층과 가까우니 필연적으로 동요하거나 반혁명적이 될 수 있다는 게 그의 생각이었습니다. 전형적 식민지여서 기형적 발전을 거듭해왔으며, 사회운동마저 다소 기형적일 수밖에 없다고 본 건데요. 조선공산당의 파벌 투쟁이나 당을 지식인이 이끄는 상황을 이런 논리로 설명한 것이지요.

한편 한위건이 조선의 이식 자본주의를 국가 자본주의로 판단한 점은 흥미롭습니다. 당시에 조선총독부가 조선은행, 식산은행, 철도, 전체 경작 면적의 4.2퍼센트에 달하는 국유지(동척의 소유지 포함), 그리고 72개의 대공장 등을 소유하고 있었던 점을 본다면, 일본은 실제로 조선에서 가장 압도적인 자본가였어요. 이후까지 조망해본다면, 한국은 구한말부터 지금까지 분명 국가 주도적인 자본주의 체제를 구축하고 있고요.

한위건은 당대의 조선 상황에서는 반제국주의 부르주아 혁명이 일어나겠지만, 이를 노동계급이 주도해야 하고 노동계급은 농민을 동반자로 삼아야 한다고 주장합니다. 또한 부르주아 혁명의 한계가 있을지라도 대공업 국유화, 8시간 노동제, 남녀평등, 무상교육, 그리고 소비에트식 정부 건설을 요구해야 한다고 말해요. 당은 대중성을 확보하면서 일상과 연결된 투쟁을 벌여야 한다고 보았고요. 그럴 때 비로소 이 혁명이 사회주의 혁명으로 이어질 수 있다고 생각한 것이지요.

지금 소개한 글이 당대에 대한 한위건의 인식을 개괄적으로 보여주었다면, 이번에 소개할 글에서는 본인이 참여하기도 했던 1920년대 조선의 사회운동에 대한 그의 자기반성과 비판을 보여줍니다. 「조선에 있어서 프롤레타리아 운동의 방향 전환기의 이론적·실천적 과오와 그 비판」(《계급투쟁》 3호, 1930년 1월)에서 그는 앞서 언급했던 '기형적 발전'을 중요한 문제로 거론합니다. 미곡을 생산해내는 산미증식계획 같은 정책에서 잘 알 수 있듯이 일본은 조선을 일종의 원료 공급처로 보았고, 그 과정에서 공업의 발달이 늦어졌어요. 이 때문에 노동계급의 형성이 지체되고, 그만큼 소부르주아적인 지식인들의 사회적 역할이 지나치게 커졌으며, 이들이 사회운동의 지도부를 독점하게 되면서 노동운동 역시 기형화되었다는 점을 언급하고요.

지식인들이 이끄는 운동은 외래성이 강했습니다. 한위건은 조선의 마르크스주의 역시 1917년 러시아혁명 이후에 외국의 선진 이론을 재빨리 수입한 것이지, 노동운동의 경험을 통해 스스로 만들어낸 것이 아니라고 지적합니다. 수입 이론인 만큼 초기에는 마르크스주의에 대한 이해 역시 부족했고요. 또한 지식인들의 운동이다 보니 파벌주의가 득세하고 정실, 즉 개인적 네트워크가 중심이 되는 경우가 잦았으며 대중은 거의 없이 지도부라는 간판만 있는 조직이 많은 점도 거론해요. 코민테른에 대해서도 국제주의적 소신이나 연대의 지향 없이 이를 외교적 수단으로 보거나 자신들을 지원해주는 곳으로 이용하려는 경향이 강했다고 보았습니다. 즉 한위건은 1920년대 조선 사회주의 운동 내부의 조직 문화가 민주적이지 않고 사회주의적이지도 않았다고 비판한 것인데, 이는 상당히 시의적절하면서도 당대 운동 문화의 고질적 문제를 잘 지적한 것이라고 볼 수 있습니다.

한위건은 지식인 운동 문화뿐만 아니라 노동자 사회의 문화에 대해서도 비판적으로 바라보았는데요. 1929년 조선에서 벌어진 큰 사건 중 하나인 원산 총파업을 다루면서 이 문제를 거론합니다. 4개월간 이어진 파업은 한 지방 도시를 마비시키다시피 할 정도로 거셌지만 결국 실패하고 마는데요. 한위건은 이러한 대중적 파업이 왜 실패했는지에 대해 반성적으로 답하고 싶었던 것 같아요. 「원산 총파업의 경험」(《공장》 창간호 및 제2호, 1930년 2월)에 이 내용이 실려 있지요.

일제의 노골적인 탄압과 조선인 부르주아들의 반노동자적 태도

원산 총파업 때 부두를 지키던 파업단 규찰대의 모습. 4개월 동안 한 지방 도시를 마비시킬 정도로 크게 벌어진 파업이었지만, 결국 실패하고 만다. 《동아일보》 1929년 1월 30일자에 실린 사진이다.

는 원산 총파업에 크나큰 걸림돌이었습니다. 그런데 한위건은 이 외에도 파업을 주도했던 노조에 실패의 한 요인이 있었다고 말합니다. 구한말에 태동한 도중都中은 일종의 직업조합 혹은 알선업체와 직업조합을 겸한 조직이었습니다. 서양 중세의 길드와도 유사한데, 노동자와 사업자 간의 중간 고리 역할을 했지요. 조선에서는 이러한 도중의 후신으로 노조가 등장했고요. 그렇다 보니 노조에는 전근대적인 특성이 이어지고 있었어요. 또한 대공장 노동자들이 아닌 항만의 미숙련·저숙련 노동자들이 원산 총파업을 이끌어갔지요. 이들은 대공장 노동자들보다는 조직성이나 기술 훈련, 정치의식이 약했고요. 조직 노선도 개량적이어서 계급의식보다는 경제적 이해관계를 중심에 두었던 점 역시 지적됩니다. 즉 노조가 근대적·합리적 조직으로 자리 잡지 못했기에 도저히 사용자와 일본을 이길 수 없었다는 게 한위건의 생각이었습니다.

여기에다가 그가 크게 반성해야 할 지점으로 조선의 공산주의자들이 원산 총파업에 조금도 영향을 미치지 못했다는 점을 거론합니다. 이들은 그 정도로 완벽하게 노동운동과 떨어져 있었어요. 하지만 원산 총파업을 경험한 조선의 노동자들이 부르주아에 대한 기대를 버리고 일본 노동자들과 연대하게 되리라는 희망도 품습니다.

신간회 운동의 산파 역할을 했던 한위건은 「대중적·전투적 협동전선의 결성과 신간회 및 독립당 촉성회의 임무」(《계급투쟁》 2호, 1929년 12월)에서 통일전선 운동에 대한 자아비판적 해부도 시도합니다. 조선의 부르주아 가운데 일제에 투항하지 않은 이들이 있었기 때문에 임시로 이들과 연대할 수 있겠다고 판단했지만, 실제로 신간회를 운영하면서 많은 문제들이 일어났습니다. 한위건은 자기 활동에서 느꼈던 문제들을 찬찬히 복기하는데요.

우선 표현·결사의 자유, 노동 조건 개선, 복지 제도 신설처럼 구체적인 투쟁 목표를 제시하지 못한 것이 운동 대중화의 걸림돌이 되었다고 지적합니다. 그러면서 노동자와 농민이 조직의 중심에 자리 잡지 못한 채 민족주의와 공산주의 지도자들, 즉 수령들의 연합이 되어버렸다고 진단하지요. 명망가들의 통합은 이루어졌을지언정 대중적 민주주의를 위한 투쟁 기관이 되지는 못했다고 본 겁니다. 이 글에서 또 하나 언급한 중요한 지점은 신간회가 처음부터 경성 중심의 조직이었다는 것입니다. 지역 지회들에서 대중적 참여가 이뤄지고 그다음에 상향식으로 중앙 조직이 만들어져야 하는데, 신간회는 그렇지 않았다는 것이지요.

실제로 신간회는 결성 때의 기대와 달리 소극적 활동이 이어지고 있었고, 투쟁 목표도 애매해서 지회를 중심으로 해체론이 퍼지기 시작합니다. 한위건은 이런 신간회의 한계를 눈여겨봤던 건데요. 그럼에도 이 글을 썼던 1929년에 그는 신간회가 여전히 필요하다면서 조직의 해소에는 반대했습니다. 물론 신간회가 '당'을 대체할 수 없다는 점은 분명히 밝혔지만, 경성의 중앙 대신 지방 지회 중심으로, 명망가 대신 대중 중심으로 조직을 바꾸면서 투쟁 강령을 제시하는 방향으로 활동을 이어가야 한다고 보았지요.

마지막으로 소개할 글은 상당히 논쟁적인 내용을 담고 있는데요. 「청산주의 박멸과 조선(공산)당 당면의 중심적 임무」(《계급투쟁》 2호, 1929년 12월)는 신일용辛日鎔(1894~?), 홍양명洪陽明(1906~?), 홍기문洪起文(1903~1992) 등 민족적 사회주의에 경도된 일부 서울파 계열 등의 좌파 지식인들에 대한 반박을 담고 있습니다. 이들은 식민지 상황에서 민족국가 건설이 일차적 과제이므로 조선에서는 공산당이 독립적으로 있을 필요가 없고 민족운동의 일부로 있으면 된다고 보았습니다. 민족운동 가운데서 공산주의자들이 제 역할을 해서 민족주의자들을 진화시키면 된다는 주장이었는데, 민족주의와 가까웠던 서울파로서는 당연한 논리 전개였

어요.

그런데 급진적이고 계급론적인 한위건은 그런 논리를 받아들이
지 않았지요. 그는 조선의 상황이 특수해서 통일전선 전술을 구사
하더라도 독립적인 공산당은 반드시 필요하다고 못 박습니다. 이
는 코민테른의 입장이기도 했고요. 한위건은 노동계급만이 혁명
을 이끌 수 있으며, 그들의 당인 공산당은 합법과 비합법의 모든
수단과 방법을 동원해 신간회와 같은 통일전선 운동 속에서 헤게
모니를 잡아야 한다고 주장하지요.

한위건의 민족주의 비판은 상당히 흥미로운데요. 그는 민족주
의자들이 임시로 통일전선의 파트너가 될 순 있지만 궁극적으로
는 반동적이라고 보았습니다. 이들은 대부분 전근대적 사대부 양

반 출신에다가 민중 위에 군림하려는 자세가 강하다고 말하지요. 한위건이 만주 등지에서 관찰한 민족주의자들은 지역감정과 같은 봉건 잔재를 많이 가지고 있었고, 공산주의자들을 적대시하면서 때때로 고문하고 잡아 죽이기도 했어요. 심지어 공산주의자들을 도살한 장제스를 모범으로 삼기도 했다고 지적하는데, 실제로 중국에서의 조선 우파 민족주의자들은 1930년대에 장제스 세력과 전략적 유착 관계를 맺었고 이들이 공산주의자들보다 훨씬 강력한 신의의 파트너였지요. 즉 한위건은 민족주의자들의 문제점을 공산주의자들에게 경고한 것입니다.

'현실 사회주의'에서 좌절된 평등한 공산 사회를 향한 꿈

한위건은 코민테른의 노선대로 '노동계급의 영도'를 내세우지만, 스스로도 인정했듯이 조선의 공산주의 운동은 노동운동에 영향력을 확보하려 했던 지식인들의 운동이었습니다. 실제로 노조 간부들이 공산주의를 주도할 수 있는 나라는 대개 산업이 발달하고 노조의 역사가 긴 곳이었어요. 가령 1920~30년대 독일에서는 사민당, 공산당 지도자들이 대부분 노동자 출신이었지요. 하지만 '추격형 발전'을 하고 있던 세계 주변부 국가에서는 노동자들의 계급의식이 약했고, 노조를 만들어온 역사도 짧았고, 노동자 출신의 지도자를 많이 배출하지도 못했습니다. 산업화가 늦어서 노동 운동보다 급진 운동이 먼저 생기는 상황에서 이를 지식인들이 이끌 수밖에 없었는데요. 조선과 중국을 비롯해 일본에서도 노동계급이 운동을 이끌어가는 데 무리가 있었어요. 이런 상황에서 노동계급의 영도를 내세우는 것은 이상적일 수 있지만 비현실적인 것이기도 했습니다.

그럼에도 한위건이 지식인 중심 운동의 약점을 비롯해서 그 당시의 운동권 내부 문화의 전근대성과 비민주성을 매우 자세하고 정확하게 지적한 점은 새겨볼 만합니다. 또한 민족주의 세력이 민중에 대해 군림하려 하면서 극우적인 장제스 독재 모델을 지향하기도 했다는 점을 지적한 것은 정곡을 찌른 비판이었지요. 한위건이 생각했던 공산당의 노선은 급진적 대중 노선이었는데, 이는 조선, 일본, 중국에서 모두 살아보았고 중국공산당에 입당까지 했던 노련한 운동가가 자기 운동 인생을 통해 내린 결론이었습니다.

그는 중국공산당에 대해서도 같은 논리로 비판을 했습니다. 왕밍 노선의 비대중성에 문제 제기를 한 것인데요. 이는 결국 동아시아에서 사회주의 운동이 현지화되는 데 기여를 합니다. 다만 문제는 한위건의 비판이 마오쩌둥의 당권 장악에 도움이 되는 담론으로 이용되었다는 점이겠지요.

사실 한위건은 이념형 공산주의자였고, 그는 모든 이들이 평등한 공산 사회를 꿈꿨습니다. 이러한 사회를 만들기 위해서는 첫 번째 단계로 민주화와 복지 제도를 구축하면서 민족국가를 건설해야 하고, 이러한 국가가 소비에트 국가로 이동하면서 두 번째 단계로 사회주의 사회를 건설할 수 있다는 게 코민테른의 '2단계 혁명론'에 입각한 한위건의 생각이었어요. 이를 위해 대중적 운동을 모색했고, 마오쩌둥의 노선과도 합치될 수 있었던 겁니다. 그런데 중국뿐만 아니라 북한, 베트남의 공산주의 모두 한위건이 생각했던 첫 번째 단계에 머물고 말았어요. 거기에다가 일찌기 '민주화'가 빠져버린 채 '민족국가 건설'에만 매진하게 된 거지요. 두 번째 단계로 나아가지 못한 채 오로지 민족국가 건설이 공산 사회 건설을 대체하게 된 셈인데요.

실제로 현실 사회주의 국가에서 공산당이 권력을 장악한 뒤에는 '평등'이라는 목표마저 점점 멀어진 게 아닌가 싶습니다. 가령 소득 분포의 불평등도를 측정하는 지니계수를 보면, 2019년에 중국이 0.465인데 미국이 0.48입니다. 별반 차이가 나지 않아요. 중국이 평등화의 길로 간 게 아니라 미국만큼 불평등한 사회가 된 거예요. 공산당이 국가 주도적인 추격형 산업화를 추진했는데, 이 과정에서 사회가 평등해지기는커녕 오히려 지배자와 피지배자, 자산가와 노동사 사이의 격차가 더 벌어졌습니다. 그나마 이런 사회를 통합한 게 권위주의적 정치이고요.

한위건의 입장에서 본다면 '사회주의'는 그 이름만 남았고 그 중간 단계라고 생각했던 '새 나라 만들기'만 남아버린 것인데요.

그가 오늘날 동아시아 공산당들의 현실을 목도했다면 얼마나 실망했을까 하는 생각이 들기도 합니다. 물론 재벌 공화국에다가 보수 양당제가 굳어진 대한민국에서도 민주주의가 형해화되었다고 볼 수 있겠지만, 현실 사회주의 국가에서도 추격형 개발을 주도하는 국가 건설 운동으로 사회주의가 형해화된 것인데요. 양쪽 모두 민중에게 의미 있는 대안적·해방적 근대화와는 너무나도 먼 길을 가버리고 말았습니다.

허정숙

붉은 페미니즘을 선도한
조선의 엘리트 신여성

▼ ▼ ▼

허정숙에 대해서는 짧게 이야기하기가 쉽지 않습니다. 그 이유 중 하나는 그녀가 하도 오래 살았기 때문입니다. 상당수의 신여성들이 고통스럽게 살다가 비교적 일찍 생을 마감했는데요. 가령 나혜석羅蕙錫(1896~1948)은 말년에 집도 없이 지내면서 영양실조에 걸렸다가 병원으로 옮겨진 뒤 죽었지요. 사회주의자 신여성들도 마찬가지였습니다. 한때 노동운동가 이재유의 애인이었고 이후 김태준과 함께 중국 연안행을 감행했던 박진홍은 한국전쟁이 벌어진 뒤 어떻게 되었는지는 알 수 없어요. 이처럼 생을 어찌 마감했는지 알 수 없는 이들이 상당히 많습니다. 그에 비해 허정숙은 아주 긴 인생을 살았고, 살아온 족적이 기록으로 많이 남아 있는데다가 최후의 삶까지 잘 알려져 있지요.

허정숙에 대해 간략하게 말하기 어려운 또 하나의 이유가 있습니다. 그녀는 식민지 시절에 급진적인 투쟁을 벌이는데요. 월북한 뒤에는 국가 가부장 체제를 용인하면서 살아갑니다. 낯 뜨거울 정도로 김일성을 찬양하기도 해요. 즉 인생의 변곡점이 있었기 때문에 설명해야 할 지점이 많습니다. 페미니스트 입장에서 보면 월북한 뒤의 허정숙은 국가적 가부장제와 타협했다고 볼 수 있겠지만, 저는 이것이 힘센 이와 힘 약한 이의 동맹에 가깝지 않았나 싶습니다.

그녀는 분명 김일성을 옹호하면서 국가 가부장 체제에 안주했습니다. 하지만 그런 체제의 틀 안에서 자신이 원하는 방향으로 일부 정책을 조정하는 역할을 했어요. 허정숙 같은 급진 페미니스트가 체제에 편입되면서 북한의 젠더 정책에 긍정적인 영향을 미친 겁니다. 남한에서는 2005년에야 비로소 폐지된 호주제가 북한에서는 1945년에 이미 사라지거든요. 그만큼 북한의 젠더 정책은 훨씬 더 이른 시기에 급진적으로 진전되었는데, 이는 허정숙 같은 이들이 있었기에 가능한 일이었습니다.

저는 허정숙을 생각하면 그녀의 롤 모델이었으며 소련의 혁명가이자 사회주의 페미니스트였던 알렉산드라 콜론타이Aleksandra Kollontai(1872~1952)가 떠오릅니다. 1920년대 조선의 신문에서는 허정숙을 "조선의 콜론타이"라고 소개하기도 하지요. 허정숙은 식민지 시대에 상당한 재산을 보유한 명망가이자 민족 변호사였던 허헌許憲(1884~1951)의 딸이었습니다. 꽤 좋은 집안 출신이었는데, 콜론타이 역시 상트페테르부르크의 귀족 가문에서 태어나고 자랐습니다. 또한 이들은 언어적 자질이 굉장히 뛰어났습니다.

소련의 급진 페미니스트 알렉산드라 콜론타이의 궤적은 허정숙의 삶과 조응하는 지점이 있다. 시대를 앞서간 페미니스트였던 이들은 당대 최고의 가부장과 불평등한 타협을 하면서 젠더 정책의 입안에 힘썼다.

콜론타이는 영어, 프랑스어, 독일어를 비롯해 루마니아어, 불가리아어, 네덜란드어, 그리고 스칸디나비아의 언어들도 구사했어요. 허정숙은 당시의 조선인으로는 드물게 영어, 러시아어, 중국어, 일본어에 두루 능통했고요.

이들은 모두 남성 편력 때문에 구설수에 올랐습니다. 남성에게 여성 편력은 아무런 문제가 되지 않지만, 여성에게 남성 편력은 지극히 문제가 되던 시절이었지요. 이들에게는 모두 '연애 대장'이라는 별명이 따라다녔습니다. 또 하나, 이들은 자신의 파트너들과 달리 숙청을 면했습니다. 콜론타이의 파트너 중 적어도 두 사람, 좌익 공산주의 분파 중 하나인 노동자 반대파의 지도자 알렉산더 실랴프니코프Alexander Shliapnikov(1885~1937)와 군인 출신의 혁명가 파벨 디벤코Pavel Dybenko(1889~1938)는 스탈린 대숙청 때 사형을 당했습니다. 허정숙의 경우는 남편이었던 최창익崔昌益(1896~1956)이 1956년에 연안파의 거두로 지목되어서 숙청되었고요.

콜론타이는 노동자 반대파가 해산한 뒤 1922년부터 외교관 생활을 하는데요. 주駐노르웨이 공사로 일하다가 1926년에는 주멕시코 공사로 파견되고, 다음 해에 다시 노르웨이로 돌아옵니다. 1930년부터 1945년까지는 주스웨덴 대사를 지냈고요. 레닌 시대에 러시아공산당 중앙위원회 멤버 중에서 1945년까지 살아남은 사람은 스탈린과 콜론타이 딱 두 명뿐입니다. 나머지는 모두 숙청되었지요. 허정숙도 사회주의 신여성 가운데 드물게 1990년대까지 살아남았고요.

콜론타이도 내심 스탈린을 좋아하지 않았을 거예요. 하지만 그녀는 스탈린 체제 내에서 자신의 역할을 해나갔습니다. 1930년대까지는 다른 유럽 국가에 비해 소련의 정책, 특히 젠더 정책이 굉장히 진보적이었습니다. 물론 이후에 점차 퇴보하지만요. 콜론타이와 허정숙 모두 현실 사회주의 아래에서 최고의 가부장과 불평등한 타협을 하면서도 자신이 꿈꾼 젠더 정책의 입안에 힘쓴 이들입니다.

아버지의 후광 아래에서
엘리트 여성으로 성장하다

허정숙의 인생 가운데 상당 부분은 가정사를 통해 설명할 수 있습니다. 그녀의 아버지 허헌은 함북 지역의 몰락 양반 출신으로 일본으로 유학해 메이지대학 법학과를 졸업했고요. 조선으로 돌아와 1908년부터 변호사로 일했습니다. 허정숙이 신여성으로 성장할 수 있었던 것은 상당 부분 뼛속 깊이 자유주의자이자 명망가였던 아버지의 후광 덕분이었습니다.

허정숙은 1947년경에 아버지, 그리고 아버지를 따르던 수십 명의 사람들과 함께 월북하는데요. 이후 허헌은 김일성종합대학 초대 총장을 지냅니다. 허정숙은 허헌의 후계자였던 셈인데, 그래서 허헌의 추종자들 목숨을 책임져야 했을 겁니다. 그녀가 북한 체제와 타협하지 않았더라면 그들에게도 문제가 생겼을 거예요. 허정숙의 이복 남동생 허종許鐘(1939~)은 북한에서 오랫동안 고급 외교관으로 일했습니다. 2007년 노무현盧武鉉(1946~2009) 대통령이 쿠웨이트를 방문했을 때 북한 대사였던 허종과 깜짝 만남을 가지기도 했지요.

한편 허정숙의 이복 여동생 허근욱許槿旭(1930~2017)은 꽤 기구한 인생을 살았습니다. 그녀는 남편 박노문朴魯文(1922~?)과 함께 월북했다가 북한 체제에 실망하고 한국전쟁 직후 남편과 함께

허정숙의 아버지 허헌은 일제강점기에 민족 변호사로 활약했으며, 이후 월북하여 북한의 고위층에 자리 잡는다. 사진은 1948년 4월 평양에서 열린 남북제정당사회단체연석회의에 남로당 대표로 참석한 그가 연설을 하는 모습이다.

남한으로 넘어와요. 허근욱은 최인훈^{崔仁勳}(1936~2018)의 「광장」(1960)에 나오는 주인공 이명준처럼 양쪽 체제에 모두 비판적이었는데요. 가족이 북한 고위직에 있다는 이유로 남한에서 잡혀간 적도 있었습니다. 그녀는 KBS에서 작가 생활을 했고, 세상이 조금 나아진 1990년대에 허정숙에 대한 회고록을 펴내기도 했지요. 이는 현재 사학계에서 중요한 자료로 쓰이고 있고요.

허정숙은 여성의 학력 자체가 드물던 시절에 매우 화려한 학력의 소유자였습니다. 조선에서 배화여학당(1913~1917), 평양고등여학교(1917~1918), 이화학당(1918~1919)을 다니다가 일본으로 유학을 가서 간사이학원^{關西學院}(1919~1920)에 다니지요. 간사이학원은 수녀원 같은 엄격한 규율로 유명했던 기독교 학교인데, 허정숙은 이곳에서 처음 사회주의를 접했습니다. 당시에 조선의 사회주의자들은 대부분 일본어 책을 통해 사회주의를 알게 되었어요. 허정숙 역시 마찬가지였지요.

허헌은 조선 명망가들을 총망라하는 인맥을 가진 인물이었는데요. 그중 자신의 고향이었던 함북 출신으로 각별한 관계에 있던 두 인사가 있었습니다. 한 사람은 당대 최고의 재벌이었던 이용익李容翊(1854~1907)입니다. 고종의 내탕금, 즉 비자금을 관리하기도 했고, 그의 손자 이종호李鍾浩(1885~1932)는 블라디보스토크에 살면서 독립운동을 적극 후원하기도 했지요. 허헌은 이용익의 도움을 많이 받으면서 성장했고요. 허헌과 매우 가까웠던 또 한 사람의 함북 출신 인사는 이동휘였습니다. 그는 구한말의 군대에서 강화진위대江華鎭衛隊 참령으로 있다가 기독교 전도사로 활동했고, 나중에 상해파 공산당을 창당하지요. 이동휘가 상해에 있었는지라 허헌은 1920년에 딸을 상해로 보내요. 절친한 친구에게 딸을 부탁한 건데요. 이 과정은 심훈의 『동방의 애인』(1930)이라는 소설에 잘 묘사되어 있습니다.

상해로 간 허정숙은 상해외국어학교에 다니면서 사회주의 사상을 학습하던 젊은이들과 교유합니다. 박헌영, 김단야, 조봉암를 비롯해 임원근林元根(1899~1963)을 만나 그와 연애를 하게 되지요. 또한 같은 함북 출신이었던 친구 주세죽을 박헌영에게 소개해준 것도 허정숙이었습니다. 나중에 북한에 가서 허정숙이 박헌영을

허정숙은 상해에서 차후 남로당의 핵심 활동가가 되는 박헌영에게 고향 친구 주세죽을 소개해주었다. 사진은 1928년 조선에서 탈출해 모스크바에 있던 박헌영과 주세죽. 이때 주세죽은 만삭의 몸이었다.

비판했던 걸 생각하면, 이는 정말 기구한 만남이었지요.

국제적인 도시 상해에서 만난 젊은이들은 사회주의 사상을 받아들입니다. 하지만 그런 공부를 하면서도 당시에 허정숙의 사상은 본격적인 사회주의와 다소 거리가 있었어요. 그녀의 사상 발전의 궤적을 보면 1920~23년 사이에는 사회주의자라기보다는 급진적인 자유주의 페미니스트에 가까웠습니다. 실제 행적도 그러했고요.

당시에 조선에서는 강의를 할 수 있는 여성이 손에 꼽혔기 때문에 그녀가 강의를 하면 신문에 그 강의가 소개되곤 했습니다. 1921년 7월에 조선여자교육회에서 허정숙이 했던 강의 제목들은 "현대 청년 남녀의 고민하는 이혼 문제 해결책"(9일), "안락의 가정"(12일), "가정은 인생의 낙원"(13일), "조혼의 해독과 부모의 각성"(26일)이었습니다. 제목을 보면 짐작하시겠지만, 그녀는 조혼을 해선 안 되고, 인격이 완성된 성인이 되고서 자유롭게 결혼을 해야 하고, 행복하고 안락한 가정을 만드는 게 여성의 바른 길이라고 봤어요. 주류 자유주의 페미니스트들의 주장을 강의 때 이야기한 것이지요.

한편 1922년 초반 모스크바에서 열린 극동민족대회에 김규식金奎植(1881~1950), 여운형, 임원근, 최고려, 한명세, 권애라權愛羅(1897~1973) 등이 참석합니다. 이는 미국, 영국, 프랑스를 비롯한 제국주의 9개국이 태평양 문제를 두고 소집한 워싱턴 회의를 견제하며 열린 대회인데요. 레닌과 트로츠키는 극동의 무산자들이 만나 반제국주의 연대를 구축하길 바라면서 이 대회를 열었습니다. 극동민족대회에는 조선인이 55명이나 참여했고, 그중 10명가량은 여성이었습니다. 김규식은 공산주의자는 아니었지만, 미국이 조선 문제에 전혀 관심을 갖질 않으니 러시아는 어떤 태도를 취하는지 살펴보기 위해 참석했고요. 허정숙의 연인이었던 임원근은 사회주의자가 되어서 이 대회에 참석했지만, 허정숙은 여기에 참여하지 않았지요.

그런데 극동민족대회에서 만난 여러 민족의 공산주의자들 사이에는 서로 동감하는 부분도 있었지만 차이도 있었습니다. 예를 들면 소련의 보호 아래서 독립한 몽골의 참가자들은 자신을 독립국가의 일원으로 보았는데, 중국 참가자들은 외몽골을 중국의 일부로 인식하고 있었어요. 모두들 자신이 무산계급이라고 주장했지만, 이들 사이에는 여전히 민족이나 국가 등으로 갈라진 패권 세계의 그림자가 남아 있었던 겁니다.

극동민족대회에 참석한 임원근은 이후 국내에 잠입했다가 체포되어서 1924년 1월까지 감옥에 갇힙니다. 허정숙은 그의 출옥을 기다리면서 사회주의 사상을 적극 받아들이지요. 1924년 8월, 임신을 한 허정숙과 임원근은 부모의 허락을 받지 않은 채 결혼합니다. 그리고 이들은 임원근이 속해 있던 화요파에서 함께 활동해요. 이후 임원근과 헤어지고서 허정숙이 만났던 송봉우는 서울파였는데, 그래서 허정숙은 상당한 비판을 받습니다. 정파를 넘나드는 연애가 문제가 된 것이지요.

급진적 자유주의 페미니스트에서
마르크스주의 페미니스트로 나아가다

허정숙은 1924년 5월 결성된 조선여성동우회朝鮮女性同友會에서 주도적으로 활동합니다. 이는 화요회 사람들이 조직한 조선 최초의 사회주의 여성운동 단체인데, 1927년 근우회로 통합되지요. 조선여성동우회의 「선언문」에서는 마르크스주의 페미니즘이 조선에 처음 소개되는데요. 엥겔스를 비롯해 아우구스트 베벨August

조선 사회주의자 열전

《동아일보》1924년 5월 22일자에 실린 조선여성동우회 창립 소개 기사. 이는 조선 최초의 사회주의 여성운동 단체로 창립과 함께 강령과 「선언문」을 발표했다.

Bebel(1840~1913), 클라라 체트킨Clara Zetkin(1857~1933), 로자 룩셈부르크Rosa Luxemburg(1870~1919) 등 고전적인 마르크스주의 페미니즘의 주요 주장들이 담겨 있었어요.

「선언문」에서는 우선 여성이 노동시장에서 품을 팔면서 자기 성까지 상품화해야 하는 이중 착취를 당하고 있다고 말합니다. 여성이 소유의 주체가 아닌 대상이 되었기에 여성 해방은 계급사회 철폐를 통해 가능하다고 주장하지요. 여기에다가 조선은 시장을 기본으로 한 자본주의의 압제와 함께 봉건사회의 구속까지 남아 있어서 여성이 동시에 또 다른 고통을 받고 있음을 전합니다. 이는 허정숙 페미니즘의 특징이기도 한데요. 마르크스주의 페미니즘을 통해 조선 여성의 억압을 분석한 뒤 이를 조선 사회에 상당히 잘 적용했다고 볼 수 있지요.

조선여성동우회 활동을 시작한 허정숙은 「여성 해방은 경제적 독립이 근본」(《동아일보》, 1924년 11월 3일)이라는 글을 통해 자신의 여성 해방론을 언론에 소개합니다. 이 글은 수가이秀嘉伊라는 필명으로 발표했는데요. 아버지가 《동아일보》를 운영하던 김성수金性洙(1891~1955) 일가와 가까이 지냈고 회사 경영에도 관여했기에 《동아일보》에 글을 쓴 듯해요. 그때만 해도 《동아일보》는 보수적 민족주의자의 주장과 사회주의자의 주장을 모두 실어주는 언론이었습니다. 사회주의자에게 발언권을 주어서 상당히 인기가 많았고, 이런 종합적 지면 배치가 독자층을 늘리는 기반이 되기도 했습니다.

허정숙은 이 글에서 자본주의 사회에서 여성의 성과 외모 상품화에 대해 본격적인 비판을 펼칩니다. 가령 성매매 여성이 매일매일 대가를 받으면서 자신의 성을 파는 것이나 여성이 남성의 노예인 아내가 되어 가정에서 자신의 성을 파는 것이 큰 차이가 없다고 보았지요. 자본주의 사회 자체가 노동력과 성의 시장이라면 그런 사회에서 남성은 일개 완롱물玩弄物, 즉 장난감에 불과하다고 말합니다.

이는 헨리크 입센Henrik Ibsen(1828~1906) 같은 급진적 여성 해방론자들이 『인형의 집』(1879)에서 주장한 것이기도 한데요. 허정숙은 문제의 해결책으로 여성이 경제생활을 하고 직장을 가져야 한다고 말합니다. 즉 여성이 독립하려면 경제적 기반부터 갖춰야 한다는 것이지요. 허정숙은 마르크스주의 페미니즘의 주장을 받아들이긴 했지만, 이때까지만 해도 급진적 자유주의 페미니즘에 좀더 가까운 주장을 펼쳤습니다. 하지만 계급적 불평등을 기반으로한 사회에서 낮은 가격에 노동력을 팔아야 하는 여성의 경제생활이 얼마나 여성의 현실을 바꿔놓을 수 있을지 의문이 제기될 수 있겠지요.

허정숙이 마르크스주의 페미니즘을 선명히 내건 것은 1925년부터인데요. 이 시기부터 여성 문제를 해결하는 전제 조건으로 자본주의 제도를 혁명적으로 부정해야 한다고 주장합니다. 당시에 부르주아 신여성들은 가정 개량론 등 생활 합리화 운동을 벌였습니다. 이에 반해 허정숙과 정칠성丁七星(1897~1958) 등의 사회주의 여성 해방론자들은 부르주아 페미니스트들과 선명한 입장 차이를 보이기 시작했지요. 조선공산당이 창당되고 사회주의 운동이 본격화되면서 사회주의 여성운동의 전선도 뚜렷해진 겁니다. 이때 허정숙은 반종교 운동도 함께 벌입니다. 아버지를 비롯해 그녀 집안은 원래 기독교인이었는데, 기독교 활동가 출신의 종교 비판자 한위건 등과 마찬가지로 일종의 자기부정을 한 것이지요. 기독교를 중심으로 한 명망가 사회와도 거리를 두게 되었고요.

「국제부인데이에」(《동아일보》, 1925년 3월 9일)라는 글에는 급진화된 허정숙의 대표적인 주장이 잘 드러나 있습니다. '국제부인데

《동아일보》1924년 6월 15일자에 실린 만화. 신여성과 구식 여성의 옷차림을 비교하면서 "치마를 잘라서 저고리를 늘이고 몇 자나 남았냐"라고 묻고 있다. 신여성의 옷차림, 머리 모양 등은 당대 사람들의 큰 화젯거리였다.

이'는 지금의 '국제 여성의 날'이지요. 그녀는 이날을 "무산 부녀들의 단결적 위력을 나타낸 날로써 세계 각국의 무산 부녀들이 국제적으로 기념하는 날"이자 "미명美名의 마수제魔睡劑를 가지고 횡포와 우월권을 마음껏 행사하는 부르주아 계급에게 굴종을 인종忍從하며 살아오던 부녀의 무리가 전제정치와 자본계급에 반항하여 맹연히 분기한 날"이라고 표현합니다. 여성에 대한 남성과 계급의 억압에 반기를 든 건데요.

이 글에서 허정숙이 해방적 의식과 규율 있는 조직을 강조한 것은 상당히 흥미롭습니다. 이는 조선공산당 조직이 만들어졌기에 하는 말이었을 거예요. 그와 동시에 허정숙은 여성 인권의 유린을 규탄하는데요. '인권'이라는 단어는 개화기 때 유입됐지만, 조선 사회에 보편적 인권 개념이 본격적으로 대두된 것은 1920년대입니다. 사회주의자들도 인권 의식이 싹터서 자주 이런 말을 썼고요. 허정숙은 개인으로서의 인권과 조직으로서의 당을 모두 의식했던 것이지요.

당시의 페미니스트들은 지금도 자주 쓰이는 "가장 사적인 것이 가장 정치적인 것"이라는 말을 실감했을 겁니다. 여성의 옷차림, 머리 모양, 남성과의 관계 등이 모두 정치적 이슈였으니까요. 가령 당시의 페미니스트들은 많이들 단발을 했는데, 유교적인 당시 사회에서 부모에게 물려받은 몸과 머리는 함부로 손댈 수 없다고 생각했으니 이는 대단한 화젯거리였습니다. 또한 보수적 남성들에게 여성의 단발은 여성임을 부정하는 행위이기도 했지요.

특히 자유주의 페미니스트들은 단발에 상당한 의미를 부여했습니다. 반면에 사회주의 페미니스트들은 인습이 강하게 남아 있는 농촌 여성들에게 다가가는 데 장발이 유리하다면 굳이 단발을 할 필요는 없다는 유연한 태도를 보였어요. 머리 길이는 풍속이자 습관이며 수단에 불과하다고 본 것이지요. 전통에도, 전통의 부정에도 얽매이지 않았던 건데요. 어차피 이들의 지향은 일차적으로 혁명에 있었기 때문입니다. 허정숙은 이런 생각을 「나의 단발 전후」(《신여성》, 1925년 10월)에 남겼고요. 실제로 그녀는 시기에 따라서 장발을 하기도 하고 단발을 하기도 했습니다.

조선 사회에서
신여성으로 산다는 것은

수많은 여성들이 봉건적인 사회에서 살아가던 시대에 허정숙은 매우 특별한 존재였습니다. 일단 그녀는 조선 최초의 여기자였어요. 1925년 1월에 임원근과 함께 부부 동반으로 《동아일보》에 입사했고, 허정숙은 그해 5월에 퇴사한 뒤 《신여성》지로 옮겨 기자 생활을 하지요.

1930년의 통계를 보면, 조선에 조선인 여기자는 25명이었고 일본인 여기자는 8명이었습니다. 또한 신지식인 여성의 가장 흔한 직업이 교사였는데 조선인 여교사는 1225명이었고, 전문직에 종사하는 조선인 여성은 1만 3천여 명에 불과했어요. 그런 상황이었으니 허정숙 같은 여성에게 어마어마한 관심이 쏟아졌습니다. 일거수일투족이 모두 언론에 보도되었고, 그녀는 공과 사가 모두 노출되는 투명인간으로 살아가야 했습니다. 사생활 보호 따위는 생각조차 할 수 없는 삶이 상당히 버거웠을 거예요. 이는 당대 신여성에 대한 사회의 폭력이라 할 수 있겠지요.

그런데 허정숙은 이런 피해자의 측면이 있었지만, 동시에 조선의 일반 여성들을 계몽해야 할 선택받은 존재이기도 했습니다. 다른 여성들에 비해 본인이 가진 게 훨씬 많은 만큼 그들에 대한 선민의식과 사명감을 가질 수밖에 없었어요. 「농촌에 돌아가는 여

조선 사회주의자 열전

1925년의 한여름, 조선의 공산주의 여성 트로이카로 잘 알려진 이늘이 청계천에 발을 담그고 있다. 왼쪽부터 허정숙, 주세죽, 고명자. 이들의 이야기는 조선희의 소설 『세 여자』를 통해 알려지기도 했다.

학생 제군에게」(《신여성》, 1925년 8월)라는 글에서 허정숙은 "우리가 학교에서 받은 교육, 지식, 그것을 다시 향촌에 있어 학學에 주려하는 문맹의 여성들에게 가르쳐주자. 깨우쳐주자. (……) 내가 자는 방이라도 내어 한 사람이라도 좋고 두 사람이라도 좋으니 아는 데까지 가르쳐주고 인도하도록 힘쓸 일이다"라고 이야기합니다. 학교에서 배움의 기회를 얻었던 여성들에게 당대 여성들을 계몽해야 한다는 목소리를 드높인 것이지요.

초기 사회주의 운동의 엄청난 역설 중 하나는 평등을 강조하지만 그 안에서 평등이 불가능했다는 점입니다. 지식을 가진 고학력 전위, 그리고 지도받아야 할 대중 사이에는 넘나들기 어려운 간극이 있었어요. 허정숙은 자신을 지도자라고 보았고, 구식 여성들은 자신이 무언가를 가르쳐야 할 대상이었습니다.

　허정숙은 언론에서 대단히 많은 글을 청탁받았던 사람입니다. 글을 잘 쓰는, 당시로서는 보기 드문 여성이었지요. 《삼천리》나 《별건곤》처럼 가십이 많이 실리는 잡지들은 신여성에게 난처한 질문을 던지곤 했습니다. 당시의 언론에서는 이들에 대한 관음증 섞인 시각이 꽤나 농후하게 느껴져요.

　《별건곤》 1929년 2월호에는 「이 세상에 만약 남자가 없다면: 의식주만 무無걱정」이라는 기사가 실려 있는데요. 이런 다소 난처한 질문에 대해 허정숙은 남자가 없더라도 여자는 경제적으로 문제 없이 잘 살아갈 수 있지만 이게 자연스럽지는 않다고 답합니다. 자연의 모든 것에 짝이 있는 만큼 사람에게도 짝이 있어야 한다는 건데요. 남녀의 절대적 평등을 강조하기도 하지만, 허정숙은 적어도 사생활에서는 남성에 대한 투쟁보다 남성과의 조화로운 공존을 원했던 것 같습니다.

　한편 허정숙의 눈앞에 닥친 현실적인 사안으로 당대 사회에 제기된 것은 남편이나 애인이 옥에 갇히면 여성이 수절해야 하는가라는 문제였습니다. 허정숙과 임원근은 1925년에 조선공산당 조직 사건으로 체포되는데요. 임원근은 감옥살이를 하지만 허정숙은 곧 풀려나왔고, 1926년 벽두부터 허정숙과 송봉우의 염문이 불거집니다. 이때 허정숙은 남편이 감옥에 있는데도 수절하지 않았다고 해서 엄청난 비난을 받아요.

《삼천리》에서는 1930년 11월호에 「남편 재옥在獄·망명 중 처妻의 수절 문제」라는 기사를 내보내면서 이 문제를 이슈화합니다. 그런데 수절하지 않은 허정숙의 애인이자 나중에 그녀의 남편이 되는 송봉우는 아이러니하게도 이런 상황일 때 여성이 수절해야 한다고 주장해요. 그의 언어와 실천 사이에는 엄청난 간극이 있었던 겁니다.

반면에 허정숙은 상당히 논리적으로 수절이 어렵다고 말합니다. 여성은 경제적으로 남성에게 의존할 수밖에 없는 경우가 많으므로 이를 해결하기 위해서, 그리고 여성의 성욕을 해소하려면 현실적으로 수절이 힘들다고 해요. 이상적으로는 여성이 남성을 기다려주면 좋겠지만 현실은 엄연히 다르다는 겁니다. 여성이 인내하며 내조하는 게 기본적인 전제가 되었던 시대에 여성의 경제 문제와 성욕 문제를 거론한다는 것은 그 자체로 엄청나게 급진적인 일이었습니다.

이외에도 허정숙은 남성 편력 때문에 줄곧 구설수에 올랐는데요. 그녀가 처음 결혼했던 임원근과는 1925년 전후부터 부부 생활이 어그러집니다. 그러면서 1926년부터 허정숙은 임원근이 속해 있던 화요파와 경쟁 관계에 있던 서울파의 송봉우를 만나지요. 걱정이 되었던 허헌은 1926년 5월부터 1927년 말까지 딸을 데리고 미국에 갑니다. 이때 그는 당시 미국의 대통령이었던 캘빈 쿨리지Calvin Coolidge(1872~1933)를 만나는 등 다양한 활동을 하고요.

허정숙은 컬럼비아 대학에서 공부하면서 도서관에서 책을 읽을 만큼 영어 실력을 쌓습니다. 또한 미국의 여성운동가들을 만나기도 하고요.

조선으로 돌아온 허정숙은 옥에 갇혀 있던 임원근과 이혼하고, 1929년 송봉우와 결혼한 뒤 아이를 낳고 생활합니다. 하지만 이 결혼도 오래 가지 못해요. 1934년 허정숙은 송봉우와 이혼하고, 1935년부터 서울파 출신의 최창익과 연애를 하다가 중국으로 동반 망명을 합니다. 이들은 1937년 중국에서 결혼하고서 1945년까지 부부 관계를 이어가지요. 그야말로 파란만장한 생활을 한 것인데요.

당시의 언론들은 허정숙의 마르크스주의 페미니즘보다 그녀의 남성 편력에 더 많은 관심을 보였습니다. 「현대 여류 사상가들(3) 붉은 연애의 주인공들」(《삼천리》, 1931년 7월)이라는 기사에서는 허정숙의 사연을 매우 드라마틱하게, 과장된 어법으로 소개합니다. 임원근과의 사이에서 낳은 아이는 아버지가 경찰에게 잡혀갔을 때 "아빠, 아빠" 하며 울었는데, 임원근이 감옥에 가자 허정숙은 그와의 이혼계를 제출했다고 묘사하지요. 남성 우월주의적인 시선에다가 허정숙의 사생활에 대한 비상한 관심을 보여주는 에피소드일 겁니다.

대개의 지식인 남성들은 소위 말하는 구식 여성과 조혼했는데, 그 여성은 안중에도 없이 신여성과 연애하는 게 아주 흔한 일이었

나혜석이 그린 「김일엽 선생의 가정생활」(《신여자》, 1920년 6월). 나혜석은 가사노동을 하면서 사회생활을 했던 신여성 김일엽의 일상을 이와 같은 삽화로 남겼다.

어요. 또한 허정숙이 세 명의 남편과 살았다는 게 회자되곤 했는데, 박헌영이 세 명의 아내와 살았다는 건 아무도 문제 삼지 않았지요. 남녀에게 대는 잣대가 완전히 달랐던 겁니다. 그리고 가장 주목받으면서 세간의 뭇매를 맞았던 게 바로 허정숙이었고요.

그렇지만 그녀는 나혜석, 김일엽金一葉(1896~1971), 김명순金明淳(1896~1951) 같은 신여성에 비하면 잔혹한 인신공격을 덜 받았습니다. 이들에게는 별 볼일 없는 이기주의자라는 차별적 잣대를 들이밀기가 훨씬 쉬웠지요. 반면에 허정숙은 민족 변호사 허헌의 딸이면서 함경도부터 제주도까지 전국을 돌아다니면서 운동하는 여성이었고요. 그녀는 "앉은 자리가 따뜻해질 겨를이 없다"는 표현이 따라다닐 만큼 전국 방방곡곡을 돌아다녔어요. 민족주의 진영에서든 사회주의 진영에서든 민족과 계급을 위해 봉사한다는 게 하나의 명분이 되어주었고, 혁명가로서의 이미지가 그녀를 조금은 방어해준 겁니다.

당시의 언론들은 신여성을 남성 파트너와 연결시킨 뒤 선정적인 보도를 하기도 했는데요. 「경성 명인물 신체 대검사」(《별건곤》, 1932년 7월)라는 자극적인 기사에서는 허정숙이 임원근과 이혼했을 때 당한 가정폭력을 희화화해서 다룹니다.

"몇 해 전에 그가 자기의 남편 되었던 모씨와 사랑이 파탄되어 최후 담판을 할 때에 서로 권투 시합을 하다가 아차차……. 상대편의 맹렬한 주먹이 그의 안경을 딱 치고 그 바람에 안경의 유리쪽이 그의 양미간을 침범한 것이었다." 남성의 폭력을 인권 유린이라고 보지 않은 채 이를 농담조로 "권투 시합"으로 표현하는 등 여성을 부차적이고 비독립적인 존재로 본 거예요. 이는 허정숙이 마주했던 현실의 무게가 어느 정도일지 실감할 수 있는 에피소드일 겁니다.

조선 사회주의자 열전

미국과 중국을 거치며
투쟁의 최전선에 복무하다

허정숙은 일본, 중국, 미국 등 다양한 나라를 돌아보았고, 일본어, 중국어, 영어, 러시아어까지 구사할 줄 알았던 보기 드문 여성이었습니다. 그녀는 아버지와 함께 미국에 다녀온 뒤 「울 줄 아는 인형의 여자국女子國, 미국 인상기」(《별건곤》, 1927년 12월)라는 글을 썼는데요. 미국은 여러모로 웅장하고 배울 게 많으며, 노동자 일부는 임금 수준이 높아서 중산층처럼 살 수 있고, 여성들은 마치 인형처럼 완벽한 차림새를 하고 있다고 하지요. 그럼에도 근본적으로 이 나라는 자본주의적 돈의 왕국이라고 평합니다.

당시에 식민지 조선의 지식인들은 미국을 문명의 절정으로 보면서 흠모했는데요. 가령 이순탁李順鐸(1897~?)은 대공황 시절 미국에 방문했는데, 당시에 사회주의였음에도 이 나라에 완전히 압도되어 돌아왔습니다. 실제로 미국에 가본 조선 사람치고 경외감을 품지 않는 이는 드물었는데, 허정숙은 그러지 않았습니다.

한편 미국에서 여성운동가들을 만나고 돌아온 허정숙은 「부인운동과 부인 간 문제 연구」(《동아일보》, 1928년 1월 3~5일)라는 여성운동에 대한 글을 발표하는데요. 기본적으로 조선 여성은 구미권 여성에 비해 봉건적 유제와 가부장적 압박, 그리고 끔찍한 가난을 훨씬 더 많이 겪고 있다고 보았습니다. 허정숙은 이런 다중적 억압에 대응해 여성이 개인의 자유, 평등한 인격을 보장받아야 하며, 동시에 경제적 압박에도 맞서야 한다고 생각했어요. 이 시점에 이르면 그녀는 부르주아들의 급진적 페미니즘이 조선에 그다지 유용하지 않다고 판단했습니다. 여성이 직장을 갖고 여성에게 우호적으로 법률이 바뀐다 해도 자본주의 사회가 여성에게 강요하는 가난의 압박은 해결하기 어렵다고 본 겁니다. 이런 맥락에서 조선에 사회주의 페미니즘을 적용해야 하며, 여성운동이 노동운동과 함께 가야 한다고 주장한 것이지요.

허정숙은 1929년에 벌어진 광주학생운동 때 여학생들을 선동했다는 이유로 옥고를 치릅니다. 1930년대 초반이 되면 일제의 압박이 거세지면서 아버지 허헌도 경제적으로 쇠락의 길을 걷게 돼요. 1935년 카프가 해산되고 조선에서 파쇼적 체제가 기틀을 잡아가자 허정숙은 결국 망명을 결심합니다. 망명 생활을 하면서 아이를 키우기는 어려우니 자신이 낳은 아이들은 모두 아버지에게 맡긴 뒤 1936년 새로운 애인 최창익과 함께 중국으로 가지요. 콜론타이도 허정숙과 비슷하게 다섯 살 된 아이를 남편 가족에게 맡기고 망명해서 사회주의 운동을 했지요. 허헌은 가족에게 해가 되지 않으면서 일본이 그녀의 독립운동을 문제 삼지 않도록 딸이 사망했다고 신고합니다.

허정숙과 최창익이 중국에서 처음 접선한 이는 김원봉이었습니다. 이들은 1936년 김원봉이 이끄는 조선민족혁명당에 입당하

허정숙이 참여했던 조선의용대의 모습. 1938년 김원봉을 중심으로 조직되었으며, 조선인으로 구성된 독자적 부대였다. 조선의용대는 1942년에 상해임시정부 휘하의 광복군으로 편입되었다.

는데, 좌우합작을 주장했던 김원봉보다 좀더 급진적이었기에 2년 후에 탈당해요. 이후 허정숙은 최창익과 함께 연안으로 가서 항일군정대학 정치군사과를 다니면서 본격적으로 공산주의 공부를 합니다. 이후 1941년에는 팔로군 제120사단 정치지도원으로, 그 다음 해에는 조선혁명군정학교 교육과장 및 독립 동맹 집행위원으로 활동합니다. 1942~45년에는 태행산太行山(타이항산) 해방구에서 중국공산당과 함께 항일 유격대로 게릴라 투쟁을 벌이지요. 일본, 중국, 미국에서 유학하고 상해라는 국제도시에서도 활약한 허정숙이 이제는 중국의 해방구까지 경험하게 되는 겁니다.

김원봉의 아내였던 박차정朴次貞(1910~1944)은 조선의용대 활동을 하면서 직접 총을 들었는데, 허정숙은 박차정처럼 풍찬노숙을 했지만 직접 총을 들진 않았습니다. 그보다는 정치 지도자로서 전투의 현장에 있었던 건데요. 남녀평등을 실현하기 위해 남성이 주로 참여했던 전투에 여성도 참여해야 한다는 '여전사'의 논리를 폅니다. 허정숙은 1920년대 중반부터 근본적 혁명만이 대다수 여성의 중첩적 억압의 상황을 바꿀 수 있다고 보았습니다. 하지만 남성이 절대적 헤게모니를 장악하고 있는 사회에서는 혁명의 과정에도 가부장적 요소들이 있었고, 그녀는 운동 사회를 비롯한 세상의 가부장성과 계속해서 싸워 나갑니다.

1945년에 이르러 해방이 되자 허정숙은 최창익과 함께 경성으로 돌아옵니다. 하지만 다음 해에 바로 월북하지요. 1946년 초반부터 남한에서는 백색 테러가 늘어나기 시작해요. 연안파 공산주의자는 물론이고 이들보다 훨씬 덜 급진적이었던 김원봉마저 남한에서 살아남을 수 없어 월북을 해야 했습니다. 그러니 마오쩌둥과 함께 해방 투쟁을 했던 그녀에게 궁극적으로는 월북 외에 선택지가 없었지요.

월북 당시 허정숙과 최창익의 부부 관계는 어그러진 상태였는데요. 이후 최창익이 재혼할 때 허정숙이 축사를 해주어서 눈길을 끌었습니다. 당시 신여성들의 콜론타이적인 성향을 보여주는 에피소드인데요. 콜론타이는 남성이 여성을 소유하는 만큼 여성 역시 남성에게 집착하게 되는데, 남성은 여성에 대한 소유욕을 버리고 여성은 남성에 대한 질투를 버려야 한다고 주장해요. 이러한 실천에 있어서 허정숙은 격이 높았던 것이지요. 하지만 아이러니하게도 그녀는 북한에서 최창익과의 관계를 정리하고 그를 공개 비판한 덕분에 연안파 숙청 때도 무사히 살아남을 수 있었습니다.

북한 정권으로서는 허헌과 함께 허정숙이 꽤 중요한 간판이었습니다. 허정숙은 일제 말기에 국내에 없었기 때문에 친일 경력이 없는 깨끗한 인물이었고, 붉은 페미니스트로서의 명성도 갖고 있었지요. 정권의 진보성을 보증하고 과시할 수 있는 존재였던 거예요. 게다가 견문이 넓고 다양한 외국어도 구사하니 국제적인 면담이 있을 때 북한을 대변하기에도 적절한 인물이었습니다. 소련을 비롯한 동구권 언론에서도 허정숙에 대해 많이 보도하곤 했어요. 그녀는 그에 걸맞은 지위도 얻게 되는데요. 1947년 북조선인민위원회 선전부장을 시작으로 문화선전상을 거쳐 1950년대에는 사법상과 최고재판소장, 1972년에는 최고인민회의 부의장, 1983년에는 조선노동당 중앙위원회 비서가 되지요. 화려한 직함들이 주어졌는데, 이는 상당 부분 명예직에 가까웠습니다.

허정숙은 여성 관련 정책의 입안자로 북한에서 상당한 기여를 했습니다. 북한은 정권 초기부터 대단히 급진적인 여성 정책을 시행합니다. 1946년에 양성평등법이 제정되었고, 매매춘도 금지됩니다. 일부일처제가 철저해지고 이혼이 자유로워졌는데, 1956년에 이르면 재판을 통한 이혼만 허용되는 등 여성 정책이 다소 퇴보하지요. 하지만 모성 보호와 관련해 산모의 휴가 기간은 계속 늘어나서 출산 전에는 30일, 출산 후에는 60일까지 휴가가 보장됩니다. 이와 같은 진보적 여성 정책은 허정숙 같은 이들이 주도해서 만든 겁니다. 북한에서 그녀는 체제를 비판할 순 없었습니다. 그렇게 타협해야 했지만, 내부에서 여성 문제를 해결하려는 그 나름의 노력을 했던 점은 인정해야 할 겁니다.

국제적 감각을 갖춘
북한의 여성 정책 입안자

남한에서 허정숙의 존재를 인식하게 된 것은 1972년 8월 30일 평양 대동강문화회관에서 열린 남북적십자회담 때입니다. 그녀와 점심 식사를 함께한 당시의 《동아일보》 논설위원 송건호宋建鎬(1927~2001)가 그 자리에서 살짝 실수를 했습니다. 그는 친근감을 표하기 위해 허정숙에게 그녀의 여동생을 안다고 말했는데요. 허정숙의 입장에서 여동생 허근욱은 북한을 배신하고 월남한 사람이었지요. 그래서인지 그 이야기를 듣고는 얼굴이 굳어졌다고 해요. 그녀는 이후에도 계속 북한을 대변하는 대외 활동을 했고, 김일성에 대한 찬양이 담긴 회고록도 펴내기도 했으며, 1991년 지병으로 세상을 떠납니다.

1920~30년대에 급진적 페미니스트로 활동했던 허정숙이 월북

한 뒤 김일성이라는 최고의 가부장과 타협한 것은 그녀답지 않은 행보로 보일 겁니다. 또한 전남편인 최창익, 예전의 동지인 박헌영을 비판해야 했을 때 그녀의 심사는 매우 복잡했을 거예요. 허정숙, 그리고 그녀와 매우 유사한 길을 걸었던 콜론타이 역시 비슷한 문제에 부딪혔습니다. 비시장적인 근대 개발주의 노선을 걸었던 북한과 소련에서 페미니스트로 살아간다는 것은 그런 불가피한 지점이 있었을 겁니다.

시장이란 기회이면서 억압이기도 한데, 비시장에서는 치부致富 등의 기회가 사라지면서 동시에 어떤 억압 역시 사라졌습니다. 그런 사회에서 여성은 더 많이 보호받을 수 있었고, 계획경제인 만큼 여성의 정규직 일자리도 국가가 조정할 수 있었어요. 여성의 노동력 없이는 비시장적인 근대화가 불가능했던 만큼 여성의 사회 진출이 반드시 필요했고, 그래서 여성은 사회의 주체이자 구성원으로 굳건히 자리할 수 있었습니다.

가령 제가 1991년 처음 한국에 왔을 때 놀란 것 중 하나는 전업주부가 거의 직업처럼 언급된다는 점이었습니다. 한국의 여자 선배들 이야기를 들어보면 대학을 졸업한 뒤 직업을 구하려고 하는 이도 있었지만 결혼해서 주부가 되겠다는 이도 적지 않았어요. 소련에서는 모든 여성이 교육을 받은 뒤 취직하는 게 당연했기 때문에 전업주부가 극히 일부 있었겠지만 제 주변에서는 본 적이 없었습니다. 그래서 저는 당시에 한국에서 주부가 직업이라는 게 믿어

1945년 허정숙의 모습. 그녀는 북한 정권의 가부장성에서
도 불구하고 여성 정책의 입안자로 상당한 기여를 했다. 분
명 타협적인 지점이 있었지만, 정권 내부에서 여성 문제를
해결하려 했던 노력은 인정해야 할 것이다.

지질 않았어요.

물론 북한 초기의 급진적인 여성 정책은 이후 많이 퇴보합니다.
동구권에서는 흔치 않았지만, 1980년대에 들어서면 북한에서도
전업주부가 흔해집니다. 정부의 허가를 받은 뒤 직장을 다니지 않
고 가정에 있을 수 있게 되었지요. 또한 동구권과 북한 모두 여성
의 이중 부담 문제를 해결하는 데 실패했습니다. 여성은 직장에서
일할 수 있었지만 집에 돌아와서 거의 모든 가사노동을 할 수밖에
없었어요. 김일성도 몇 차례에 걸쳐 여성의 이중 부담에 대한 연
설을 했습니다. 그런데 그는 식기세척기나 세탁기 같은 기계를 많
이 도입해서 여성의 부담을 덜어주겠다는 식의 해결책을 제시하
지요. 남성이 가사노동을 해야 한다는 생각을 하지 못한 겁니다.
그리고 경제적인 문제 때문에 가사노동에 필요한 기계들마저 잘
도입되지 않았고요.

허정숙의 적색 페미니즘은 결국 국가화되면서 고유한 사회적 비판 의식을 잃어버렸습니다. 그럼에도 그 불편한 동맹 관계 가운데서 진보적인 여성 관련 정책과 법률을 만들어낸 지점은 기억해야 할 거예요. 적색 개발주의의 근본적 한계가 있었지만, 그녀와 같은 존재가 있었기에 진전된 세계가 있다는 점 말입니다.

조선 사회주의자 열전

조선 사회주의자 열전

영문·숫자

• 이 도서는 한국출판문화산업진흥원의 '2021년 출판콘텐츠 창작 지원 사업'의 일환으로
국민체육진흥기금을 지원받아 제작되었습니다.

조선 사회주의자 열전

새로운 세계를 꿈꾼 인간, 그들의 삶과 생각을 다시 찾아서

ⓒ 박노자

초판 1쇄 발행 | 2021년 10월 15일

지은이 | 박노자
펴낸이 | 임윤희
디자인 | 석운디자인
제작 | 제이오

펴낸곳 | 도서출판 나무연필
출판등록 | 제2014-000070호(2014년 8월 8일)
주소 | 08613 서울 금천구 시흥대로73길 67 금천엠타워 1301호
전화 | 070-4128-8187
팩스 | 0303-3445-8187
이메일 | wood.pencil.official@gmail.com
페이스북·인스타그램 | @woodpencilbooks

ISBN | 979-11-87890-30-0 03990